BIBLIOTHÈQUE
DES MERVEILLES

PUBLIÉE SOUS LA DIRECTION
DE M. ÉDOUARD CHARTON

LES SIÈGES CÉLÈBRES

4003. — PARIS, IMPRIMERIE A. LAHURE
9, Rue de Fleurus, 9

BIBLIOTHÈQUE DES MERVEILLES

LES
SIÈGES CÉLÈBRES

DE L'ANTIQUITÉ

DU MOYEN AGE ET DES TEMPS MODERNES

PAR

MAXIME PETIT

OUVRAGE

ILLUSTRÉ DE 32 GRAVURES DESSINÉES SUR BOIS

PAR C. GILBERT

PARIS

LIBRAIRIE HACHETTE ET Cie

79, BOULEVARD SAINT-GERMAIN, 79

1881

Droits de propriété et de traduction réservés

A MONSIEUR

H. PETIT, MON PÈRE

HOMMAGE AFFECTUEUX

Maxime Petit

LES
SIÈGES CÉLÈBRES

I

Le siège de Troie.

(1280-1270 av. J.-C.)?

Si l'on en croit Platon, la Troie de Priam et d'Homère avait été construite « sur une petite éminence, dans une belle et vaste plaine, arrosée par différentes rivières sortant du mont Ida ».

On a beaucoup discuté sur l'emplacement de cette éminence, de cette plaine et de ces rivières. Du temps de Strabon, on ne savait déjà plus au juste où se trouvait Troie, et il y a quelques années encore, on pensait généralement que la célèbre cité avait dû s'élever au lieu même où se voit le village de Bounar-Bachi, bien que le comte de Choiseul-Gouffier, ambassadeur de Louis XVI, eût fait inutilement exécuter des fouilles en cet endroit. En 1871, M. Schliemann partit à ses frais pour la Troade et découvrit, à Hissarlick, les traces de quatre villes superposées[1]. La première, d'après lui, serait la Nouvelle-Ilion, où s'arrêta Xerxès; la dernière aurait été fondée par des peuples de race aryenne; Troie, cité de Priam, serait la seconde, si l'on s'en rapporte aux convictions de M. Schliemann, convictions basées sur la comparaison des objets trouvés avec ceux dont parle Homère. Cette opinion n'a point été admise par MM. Vivien de Saint-Martin et Virlet d'Aoust.

Après ce peu de mots sur l'emplacement de Troie, occupons-nous de la fameuse expédition des Grecs en Asie-Mineure.

Et d'abord, la guerre de Troie est-elle un fait réel, un événement historique? Grote la considère expressément comme une légende[2]. Pour M. Duruy, elle « marque le moment où la Grèce, après avoir souffert durant des siècles l'invasion qui s'opérait d'Orient en Occident, réagit à son tour et commença le mouvement en sens contraire[3]. » Hérodote y voit simplement une entreprise des Hellènes contre les Asiatiques. D'autres, rattachant les Troyens aux Pélasges et tenant compte de l'inimitié qui séparait les Grecs de la race pélasgique, croient que c'est là le dernier terme de cette haine. Enfin, pour la tradition et la poésie, la guerre de Troie fut amenée par une rivalité mortelle entre deux familles, rivalité qui aurait pris naissance à l'époque où la Troade et la Phrygie se disputaient la prépondérance en Asie-Mineure.

---

[1] On pourra consulter, sur ces fouilles entreprises en Troade, les *Antiquités Troyennes* de M. Schliemann, et *les Villes retrouvées*, de M. G. Hanno, dans la collection des *Merveilles*.
[2] Grote, *Histoire de la Grèce*, tome II.
[3] Duruy, *Histoire de la Grèce ancienne*, tome. I, p. 55.

Il serait difficile d'admettre qu'il n'y ait pas dans toutes ces légendes et ces traditions un fond de vérité. Si les causes nous sont inconnues, si la vérité ne nous est parvenue qu'ornée et embellie par les couleurs poétiques, le fait lui-même doit, à notre avis, être considéré comme authentique, surtout si l'on tient compte des récentes découvertes de M. Schliemann.

« De l'ensemble des traditions, dit M. Duruy, il résulte qu'un puissant royaume s'élevait en face de la Grèce, sur les côtes opposées de la mer Égée. Une partie de l'Asie-Mineure appartenait à ses princes et les peuples indépendants de cette péninsule étaient ses alliés. Priam y régnait alors; Troie ou Ilion, sa capitale, bâtie au pied du mont Ida, était célèbre par la force de ses murailles, par les richesses et le luxe de ses habitants, dont les mœurs et la religion étaient, comme la langue, les mêmes que celles des Hellènes, mais à un degré plus avancé de développement. Une haine nationale profonde, invétérée, séparait les deux peuples et finit par les armer l'un contre l'autre. »

Tantale, roi de Phrygie, voulant un jour éprouver la puissance des dieux, leur servit les membres de son fils; mais Jupiter découvrit son crime et ranima le jeune Pélops. Celui-ci, chassé par Tros, roi d'Ilion, rassembla ses compagnons et s'enfuit en Élide, où il succéda à Œnomaos. Ses descendants régnèrent à Mycènes et à Sparte et donnèrent leur nom (Péloponèse) à toute la péninsule Apia. Agamemnon, devenu roi de Mycènes, avait épousé Clytemnestre, fille de Tindare, roi de Sparte, qui possédait une autre fille, Hélène, remarquable par sa beauté. Ravie par Thésée sur les bords de l'Eurotas, Hélène fut, à son retour, recherchée par une foule de prétendants : Tyndare leur fit jurer à tous d'assurer la possession de sa fille à celui qui serait l'objet de son choix. Ménélas, frère d'Agamemnon, devint l'époux d'Hélène et remplaça son beau-père sur le trône de Sparte.

En ce temps-là, régnait à Ilion Priam, fils de Laomédon. Sa femme Hécube lui avait donné dix fils : *Hector, Pâris, Déiphobe, Helenus, Pammon, Politès, Antiphus, Hipponoüs, Polydore, Troïle*, et quatre filles : *Créuse, Laodice, Polyxène* et *Cassandre*, douée du don de prophétie, mais dont les prédictions n'étaient crues de personne.

Pâris, étant venu en Grèce pour sacrifier à Apollon Daphnéen, fut accueilli à la cour de Sparte, et pendant un voyage que fit Ménélas en Crète, Hélène s'enfuit à Troie avec ce fils de Priam[1]. Le roi de Sparte outragé rappela à ses anciens rivaux le serment qu'ils avaient fait à Tyndare, Agamemnon appuya les réclamations de son frère, et les États de la Grèce, réunis à Égion, décidèrent qu'une expédition aurait lieu contre Troie, si Pâris ne rendait Hélène et ne s'excusait d'avoir violé les lois de l'hospitalité : Ménélas et le prudent Ulysse, chargés d'une mission conciliatrice, furent très mal accueillis, et les chefs de la Grèce reçurent l'ordre de se rendre en Béotie, pour aller venger l'honneur national.

[1] Une autre tradition prétend qu'Hélène n'alla jamais en Troade. Pâris, à son départ, aurait été poussé en Egypte par des vents contraires, et le roi du pays, apprenant les torts de Pâris, l'aurait chassé en retenant Hélène jusqu'à ce que Ménélas vint la chercher. Les Troyens eurent beau affirmer à Ménélas que la reine de Sparte n'était pas à Troie, les Grecs ne voulurent pas les croire et assiégèrent Ilion. (V. *Hérodote*, II, 20. — *Grote*, tome II, p. 26.)

Agamemnon, roi d'Argos et de Mycènes, fut nommé généralissime. « Il vêtit, dit Homère, la tunique moelleuse, belle, neuve, et jeta par-dessus son grand manteau ; il attacha ses brodequins à ses pieds délicats, passa à son côté son glaive suspendu à un baudrier garni de plaques en argent et prit son sceptre, formé d'une branche d'arbre des montagnes que le tranchant du fer coupa et dépouilla de ses feuilles et de son écorce.... Il tenait à la main un manteau[1]. » On lui donna le droit de vie et de mort sur tous les soldats, auxquels il fit dire par ses hérauts que tous les lâches seraient donnés en pâture aux oiseaux et aux chiens. Immédiatement après lui venaient : *Diomède*, fils de Tydée, chef des Argiens ; *Ménélas*, roi de Sparte ; le sagace *Nestor*, roi de Pylos, qui avait vu trois âges d'homme ; les deux *Ajax* : l'un fils d'Oïlée et roi des Locriens, l'autre fils de Télamon et roi de Salamine ; le vaillant *Achille*, fils de Thétis et de Pélée[2] ; *Philoctète*, l'ami d'Hercule, qui avait reçu du héros mourant ses flèches trempées dans le sang de l'hydre de Lerne ; *Ulysse*, roi d'Itaque, célèbre par sa prudence ; le Crétois *Idoménée* ; l'Étolien *Thersite*, le type du lâche insolent. Tous ces chefs commandaient à une armée de 100 810 hommes et dirigeaient une flotte de 1186 vaisseaux.

De leur côté, les Troyens s'étaient vaillamment préparés à la résistance, et ils avaient reçu des secours de plusieurs peuples de l'Asie-Mineure, menacés par l'in-

---

[1] Ce manteau servait à le faire reconnaître des soldats.

[2] La fable, comme on le sait, disait qu'Achille fut trempé par sa mère dans le Styx — ce qui le rendit invulnérable, excepté au talon par lequel sa mère le tenait.

vasion hellénique. Ils avaient à leur tête : *Hector*, époux d'Andromaque, à l'existence duquel, suivant Homère, était attachée la destinée d'Ilion ; *Enée*, fils de Vénus et d'Anchise, chef des Dardaniens ; *Pandaros*, chef des Troyens de Zelée et des environs du mont Ida ; *Sarpédon*, roi des Lyciens.

La ville était entourée d'épaisses murailles flanquées de tours.

La flotte grecque, partie d'Aulis, prit une fausse direction et vint jeter l'ancre non loin des côtes de la Mysie. Télèphe, roi de ce pays, voyant des soldats piller sans raison son territoire, fondit sur eux et les dispersa. Bientôt l'erreur fut reconnue de part et d'autre : une trêve fut signée, et les Grecs, revenus dans leur patrie, se donnèrent de nouveau rendez-vous à Aulis pour le printemps prochain.

Cette fois, les vents contraires retardèrent l'appareillage de la flotte. En outre, Agamemnon ayant tué une biche dans un bois consacré à Diane, la déesse déchaîna la peste sur l'armée. Calchas, devin et grand-prêtre d'Apollon, déclara que pour apaiser la divinité il fallait sacrifier Iphigénie, fille du généralissime et de Clytemnestre. Au moment du sacrifice, Diane substitua sur l'autel une biche à la jeune princesse, dont elle fit sa prêtresse en Tauride.

Les vents changèrent, la flotte mit à la voile, et les rois de la Grèce se trouvèrent réunis en Troade, de même qu'au moyen âge les Croisades rassemblèrent en Asie tous les princes de la chrétienté.

Il était écrit que le premier Hellène qui mettrait le pied sur le sol troyen périrait infailliblement. Comme les chefs hésitaient, Protésilas se dévoua et se précipita sur le rivage : il tomba sous les coups de ses ennemis.

Le camp des Grecs devant Troie fut divisé en quartiers et en rues. Les vaisseaux, tirés sur la plage, servirent à former l'enceinte, et pour les protéger on éleva un mur, de hauteur d'homme, flanqué çà et là de tours crénelées.

La tente d'Achille était précédée d'une cour entourée de palissades[1].

On ne tarda pas à être en proie aux horreurs de la famine : aussi les soldats se mirent-ils à cultiver le sol de la Chersonèse de Thrace ou à ravager les côtes de l'Hellespont. Dans une de ces excursions, Briséis, fille du prêtre d'Apollon, tomba entre les mains d'Achille et resta au pouvoir du fils de Pélée jusqu'à ce qu'Agamemnon la lui enlevât.

Dans la neuvième année du siège, une peste, envoyée par Apollon, décima l'armée grecque, et Achille, privé de sa captive, se retira dans sa tente et appela sur ses compatriotes la colère du ciel. Ses vœux furent exaucés, et les Grecs battus durent rentrer dans leur camp. Vainement on envoya des députés à Achille : le héros ne voulut pas céder. Le combat reprit avec fureur : les Troyens franchissent la muraille, envahissent le camp ennemi, et forcent les Grecs à se retirer sur leurs navires. Sur ces entrefaites, Patrocle, revêtu de l'armure d'Achille, fut tué par Hector. A la nouvelle de la mort de son plus fidèle ami, le fils de Pélée s'élance sur le champ de bataille ; il ne se mêle pas aux combattants, car il n'a pas ses armes, mais « il s'avance jusqu'au rem-

---

[1] Pouqueville. *La Grèce*, p. 394.

part et pousse par trois fois un cri terrible. Les Troyens ont reconnu la voix du héros, et trois fois ils reculent épouvantés. » Les Grecs peuvent ressaisir le corps de Patrocle.

C'est alors qu'Achille demande des armes à sa mère, et Thétis obtient de Vulcain une armure complète. Il se précipite sur les Troyens, qui prennent la fuite : Énée aurait péri dans la lutte, si Neptune ne l'avait enveloppé d'un nuage.

Le Xanthos et le Simoïs, réunissant leurs eaux, inondent un moment la plaine, mais Vulcain, envoyé par Junon, tarit les deux fleuves, et les Troyens cherchent leur salut dans la retraite : Achille atteint Hector, lui perce la gorge de sa lance, le dépouille, l'attache à son char et fait trois fois ainsi le tour de la ville. Rentré au camp, il s'occupe des funérailles de Patrocle, immole douze captifs et fait célébrer des jeux funèbres. Il avait résolu de donner le cadavre d'Hector en pâture aux chiens et aux oiseaux de proie; à ce moment, le vieux Priam arrive dans sa tente et lui adresse les paroles suivantes :

« Souviens-toi de ton père, Achille égal aux dieux! il est de mon âge, il est comme moi sur le triste seuil de la vieillesse. Peut-être ses voisins l'accablent-ils aussi, et personne n'est là pour le préserver du mal et de la ruine. Mais lui! il te sait vivant, il se réjouit en son âme; et tous les jours il espère voir son fils chéri revenant de Troie. Pour moi, mes malheurs ont comblé la mesure; j'ai engendré dans la grande Ilion de vaillants fils, et je crois qu'aucun ne m'est resté. Ils étaient cinquante, lorsque vinrent les fils de la Grèce, dix-neuf nés des mêmes entrailles et les autres des femmes qui sont en mon palais. Le farouche Mars leur a fait à presque tous fléchir les genoux. Mais celui que seul j'avais encore, qui défendait la ville et nous-mêmes, tu l'as tué récemment, lorsqu'il combattait pour la patrie : Hector !... C'est à cause de lui que je viens maintenant près des vaisseaux des Grecs ; et pour le racheter, je t'apporte des présents infinis. Crains les dieux, ô Achille ! prends pitié de moi au souvenir de ton père ; je suis plus que lui digne de compassion : j'ai fait ce que sur la terre nul des hommes n'eût osé. J'ai attiré jusqu'à mes lèvres la main qui m'a ravi mes fils[1]. »

Achille se laisse attendrir en songeant à son père et rend à Priam les restes d'Hector. — C'est là, comme on le sait, que se termine l'*Iliade*, qui commence dans la dixième année du siège et dans laquelle Homère chante la colère d'Achille et les événements qui en furent la suite.

Troie, privée de son plus illustre défenseur, fut secourue par Penthésilée, reine des Amazones, et par Memnon, fils de l'Aurore, qui accourut avec dix mille Perses et autant d'Éthiopiens. Bientôt Pâris (ou Apollon, sous les traits de Pâris) décocha une flèche qui atteignit Achille au talon. Ajax et Ulysse sauvèrent son corps[2], et se disputèrent ses armes devant le conseil des chefs de l'expédition. Grâce à son éloquence, Ulysse l'emporta sur son rival, qui se jeta de désespoir sur son épée.

Les poètes disent que la chute de Troie dépendait de certaines fatalités. Ainsi, le Palladium, statue de

---

[1] Homère, *Iliade*, ch. XXIV (477-512), trad. Giguet.
[2] Les cendres d'Achille furent déposées au promontoire de Sigée par les Grecs, qui lui rendirent des honneurs divins et lui élevèrent des temples.

Minerve donnée par Jupiter à Dardanos et gage de la conservation d'Ilion, devait être pris, et Philoctète, possesseur des flèches d'Hercule, devait être amené au camp des Grecs. Les Troyens, se doutant bien que leurs ennemis chercheraient à s'emparer du Palladium, en avaient fait construire plusieurs images, mais le rusé roi d'Ithaque ne s'y trompa point : il pénétra dans la ville déguisé en mendiant et rapporta la statue.

Il fallait maintenant avoir les flèches d'Hercule. Ce héros, en mourant, les avait léguées à Philoctète et lui avait fait jurer de ne révéler à personne le lieu de sa sépulture. Philoctète parjure frappa du pied le lieu où il avait inhumé Hercule et ses armes; mais les dieux se vengèrent pendant la traversée et s'arrangèrent de manière qu'une des flèches tombât sur le pied de Philoctète : un ulcère se forma aussitôt et répandit une odeur si fétide que les Grecs abandonnèrent l'ami d'Hercule dans l'île de Lemnos. C'est là qu'Ulysse vint le trouver après la mort d'Achille : l'éloquence du roi d'Ithaque persuada Philoctète, qui consentit à venir devant Troie[1]. Dès qu'il fut arrivé, Pâris tomba victime d'une des flèches du fils d'Alcmène. Il vint expirer sur le mont Ida entre les bras de sa fidèle Œnone.

Cependant Troie résistait toujours et les Grecs durent, pour prendre la ville, employer un stratagème. Virgile nous apprend qu'ils construisirent, suivant les inspirations de Pallas, un immense cheval de bois où se cacha l'élite des guerriers. Les Troyens croyant les Grecs partis introduisirent le cheval dans Ilion, malgré les avis du prêtre Laocoon. Les dieux, qui avaient dé-

---

[1] Philoctète fut guéri par Machaon, fils d'Esculape, célèbre par les connaissances médicales qu'il tenait du centaure Chiron.

Fig. 1. — La nuit, les Grecs sortirent de la machine et ouvrirent les portes à leurs compagnons. (p. 13)

cidé la ruine du royaume de Priam, envoyèrent contre celui-ci deux serpents monstrueux qui l'étouffèrent avec ses deux fils, au pied même de l'autel où il sacrifiait. La nuit, les Grecs sortirent de la machine et ouvrirent les portes à leurs compagnons[1].

La ville fut livrée au pillage. Priam, Hécube et ses filles tombèrent au pouvoir de l'ennemi. Le roi fut égorgé, Hécube réduite en captivité, Andromaque donnée à Pyrrhus, Cassandre à Agamemnon. Seuls, Énée et Anténor échappèrent au carnage. Ce dernier aborda dans la suite en Italie avec une colonie de ses concitoyens, qui fondèrent Patavium (Padoue).

Que devint Énée, fils de Vénus et d'Anchise, et gendre de Priam? D'après les traditions qui servirent de base à l'*Énéide*, Vénus apparut à son fils au moment le plus critique de la lutte : elle lui annonça l'inutilité d'une plus longue résistance et lui conseilla de fuir avec sa famille. Énée prit donc son père sur ses épaules et son fils Ascagne par la main, et il se dirigea vers

---

[1] *Voici l'opinion de Napoléon Ier sur le cheval de bois :* « Comment supposer les Troyens assez imbéciles pour ne pas envoyer un bateau pêcheur à l'île de Ténédos, pour s'assurer si les mille vaisseaux des Grecs s'y étaient arrêtés ou étaient réellement partis? Mais du haut des tours d'Ilion, on découvrait la rade de Ténédos. Comment croire Ulysse et l'élite des Grecs assez ineptes pour s'enfermer dans un *cheval* de bois, c'est-à-dire se livrer pieds et mains liés à leurs implacables ennemis? En supposant que ce *cheval* contînt seulement cent guerriers, il devait être d'un poids énorme, et il n'est pas probable qu'il ait pu être mené du bord de la mer sous les murs d'Ilion en un jour, ayant surtout deux rivières à traverser. »
Voici maintenant l'avis de Pausanias, avis partagé par Pline : Ce fameux cheval de bois était certainement une machine de guerre propre à renverser des murs; ou bien il faut croire que les Troyens étaient des gens stupides, des insensés qui n'avaient pas l'ombre de raison ». Pausanias croit que ce cheval était en effet une machine au moyen de laquelle les Grecs pratiquèrent une brèche qui leur permit de pénétrer dans la ville.

l'une des portes de Troie. Sa femme Créuse, enlevée par Cybèle au milieu du tumulte, lui apparut à son tour, le consola et lui annonça les glorieuses destinées qui l'attendaient en Italie. Il mit à la voile, et, après une navigation aventureuse, aborda dans le Latium. Là, il demanda la main de Lavinie, dont le père Latinus lui avait donné des terres. Mais, comme Lavinie était promise à Turnus, roi des Rutules, cette circonstance donna lieu à beaucoup de batailles indécises. Les deux rivaux, pour en finir, s'en remirent aux chances d'un combat singulier : Turnus fut tué, et Énée, après être devenu l'époux de Lavinie, jeta sur une terre désignée par le sort les fondements de la puissance romaine.

II

Le siège de Babylone par Kurus.

(540 av. J.-C.)

Kurus (Cyrus), petit-fils d'Azi-dahak (Astyage), fut élevé à la cour d'Ecbatane. Convaincu que l'humeur belliqueuse des Aryens de Médie avait été profondément refroidie par le caractère indolent et les mœurs efféminées de son grand-père, il pensa que les Perses viendraient aisément à bout d'un peuple corrompu au contact de la civilisation babylonienne et il se révolta contre le roi des Mèdes. Azi-dahak fut fait prisonnier, le pays se soumit sans résistance, et Kurus devint roi de Perse et de Médie. A cette nouvelle, Krœsos le Lydien trembla pour sa couronne. Il forma aussitôt contre Kurus une ligue dans laquelle entrèrent Ahmès II d'Égypte, Nabu-Nahid de Babylone et les Lacédémoniens. Mais il fut vaincu par son ennemi, qui prit Sardes après quatorze jours de siège; la coalition tomba d'elle-même, et tout le pays, jusqu'au grand lac Hamoun, reconnut la souveraineté de la Perse (554-559 av. J.-C.).

Ces conquêtes reculèrent si loin les limites de son empire que Kurus se sentit assez fort pour attaquer la Chaldée, et il marcha contre Nabu-Nahid. Au passage du Gyndès, un des chevaux blancs *sacrés*, entraîné par le courant, se noya dans le fleuve. Une crainte superstitieuse s'empara des soldats et aurait certainement démoralisé l'armée, sans la présence d'esprit de Kurus. Ce prince, suspendant aussitôt la marche des troupes, menaça le fleuve de le rendre si insignifiant que les femmes même pourraient le passer sans se mouiller les genoux ; puis il fit creuser trois cent soixante canaux, par où le Gyndès s'écoula dans les terres, et disparut. Lorsque ces travaux furent achevés, la saison se trouva trop avancée pour que les troupes reprissent leur marche, et la campagne fut ajournée jusqu'au printemps suivant.

Le Tigre franchi sans résistance, on se dirigea sur Babylone. L'armée chaldéenne, commandée par Nabu-Nahid en personne, essaya vainement d'arrêter les troupes de Kurus : elle fut dispersée ; le roi se réfugia à Barsip, au dire de Bérose, et son fils Bel-Sar-Ussur, récemment associé au trône, se mit à la tête des soldats. Kurus essuya de la part du nouveau général une telle défaite, qu'il désespéra de prendre la ville d'assaut, et convertit le siège en blocus. « On traça autour des murailles des lignes de circonvallation, et dans les endroits où ces lignes aboutissaient à l'Euphrate on laissa un espace suffisant pour bâtir des forts. Les soldats se mirent à creuser une immense tranchée, et pendant qu'ils étaient occupés à ce travail, Cyrus fit construire sur les bords du fleuve des forts dont il établit les fondations sur des pilotis de palmiers, qui n'avaient pas moins de cent pieds de longueur. Le pays en produit de plus grands encore, et ces arbres ont la propriété de se relever sous la charge. Les Babyloniens, qui du haut de leurs murailles voyaient ces préparatifs de siège, s'en moquaient, parce qu'ils avaient des vivres pour plus de vingt ans. »

Xénophon, à qui nous empruntons ces détails, nous apprend en outre que Kurus divisa son armée en douze corps, dont chacun devait tour à tour surveiller Babylone pendant un mois de suite. Puis on attendit patiemment qu'une occasion se présentât.

Le 16 du mois de Loüs (juin-juillet), les Babyloniens célébraient une fête, qui vraisemblablement était la *fête des Sacées*. Cette fête durait cinq jours, pendant lesquels les esclaves commandaient à leurs maîtres; l'un d'eux, revêtu d'habits royaux, était placé à la tête de la maison : on l'appelait *Zoganis*, et tout le monde exécutait ses ordres.

Kurus choisit ce moment pour surprendre la ville. Après le coucher du soleil, il fit un soir établir la communication entre le fleuve et les deux têtes de la tranchée, et bientôt la partie du fleuve qui traversait la ville fut rendue guéable. Des soldats descendirent dans le lit desséché de l'Euphrate, et, conduits par Gobryas et Gadatas, se glissèrent le long des quais. Ils trouvèrent les portes d'airain qui fermaient les descentes des quais ouvertes et sans gardes, pénétrèrent au cœur de la ville, et poussèrent le cri de guerre pendant que les assiégés se livraient au plaisir et célébraient la fête.

Le massacre commence; Gobryas et Gadatas se précipitent vers le palais, chargent les gardes, et tuent Bel-Sar-Ussur venu pour s'enquérir de la cause de tout ce tumulte. En même temps, la cavalerie parcourait les rues et égorgeait tous les Babyloniens qu'elle rencontrait sur son passage.

Le lendemain, les palais des grands furent distribués

à ceux dont le courage avait principalement contribué à l'heureuse issue de l'entreprise. Kurus, se rendant au palais des monarques babyloniens, y offrit des sacrifices aux dieux, et fit connaître aux vaincus la situation sociale qu'il comptait leur réserver. Puis, il décida qu'une grande fête serait donnée en honneur de sa victoire.

Les chefs de l'armée furent donc revêtus de vêtements médiques, un corps de quatre mille *doryphores* se rangea en face du palais, et les soldats tenant leurs mains sous leurs manteaux, en signe de respect, se placèrent au même endroit. Lorsque les portes du palais s'ouvrirent, quatre taureaux, désignés pour le sacrifice, sortirent en mugissant. Ils étaient suivis des chevaux destinés au Soleil, du char blanc de Jupiter et de deux autres chars, dont le dernier, traîné par des chevaux couverts de housses pourprées, précédait des serviteurs portant du feu dans un grand bassin.

Kurus apparut alors, vêtu d'une tunique rouge et blanche, chaussé de brodequins couleur de feu, la tête ornée d'une tiare « qui s'élevait en pointe ». Les quatre mille *doryphores* se mirent en marche derrière lui. « Environ trois cents eunuques, — dit Xénophon, — richement vêtus et armés de dards, le suivaient à cheval ; après eux, on menait en main deux cents chevaux de ses écuries, ornés de freins d'or et couverts de housses rayées. Ils étaient suivis de deux mille piqueurs, après lesquels marchait le plus ancien corps de cavalerie perse[1], composé de dix mille hommes. » Venaient enfin

---

[1] On sait que le mot *Persan* désigne les habitants actuels de la Perse, convertis à l'islamisme, et que les *Perses* sont les antiques sectateurs de la religion de Zoroastre.

Fig. 2. — Siège de Babylone.

les Mèdes, les Arméniens, les Caduciens, les Saces; et une longue suite de chars, rangés quatre par quatre, fermait le cortège.

Soit par admiration, soit par crainte, dès qu'on apercevait Kurus, on se prosternait en l'adorant. Lorsqu'on fut arrivé dans les champs consacrés aux dieux, on sacrifia d'abord à Jupiter des taureaux qui furent brûlés en entier; puis on offrit des victimes au Soleil, à la Terre et aux héros protecteurs de la Syrie. Des courses et des festins terminèrent cette imposante cérémonie, que Kurus avait ordonnée dans le but d'éblouir les vaincus par l'éclat de sa magnificence et pour leur donner une haute idée de sa grandeur.

La prise de Babylone produisit le résultat qu'en attendait le roi des Perses : toute la Chaldée se soumit sans la moindre résistance, Nabu-Nahid se rendit sans essayer de défendre Barsip, et les pays qui appartenaient au roi détrôné, sachant bien qu'ils ne pouvaient plus être indépendants, passèrent aux mains de Kurus. Quarante-deux mille Juifs, sous la conduite de Seroubabel et du grand-prêtre Jeshua, partirent pour la terre promise : Kurus consentait à leur départ parce qu'il lui fallait un peuple capable de s'opposer avec énergie aux envahissements possibles des Égyptiens[1].

---

[1] V. Ménant, *Babylone et la Chaldée* (1 vol. in-8).

III

Le siège de Sélinonte par Annibal, fils de Giscon.

(410 av. J.-C.)

Sélinonte, ville de la Sicile ancienne, située à l'est de Lilybée, fut fondée en 651 par des Mégariens d'Hybla. Elle formait un vaste fer à cheval autour d'un port naturellement creusé entre deux collines. L'une de ces hauteurs, celle de droite, était, ainsi que le fond du port, couverte de maisons; le côté opposé était réservé à des temples, dont le plus remarquable était celui de Jupiter Olympien. Les ruines de Sélinonte, que l'on voit aujourd'hui encore près de la ville moderne de Sciacca, consistent surtout en immenses colonnes, auxquelles les habitants du pays donnent le nom de *Piliers des Géants*.

Les Sélinontins et les Ségestins, ayant eu une grave contestation au sujet des limites de leurs territoires respectifs, il en résulta entre les deux peuples une guerre acharnée. Ségeste, sur le point d'être vaincue, implora le secours des Athéniens, qui saisirent avec empressement cette occasion de soumettre Syracuse. Mais la puissante ville sicilienne triompha des soldats d'Athènes, et les Grecs durent se retirer avec des pertes considérables (416 av. J.-C.).

Les Sélinontins, alliés de Syracuse, voulurent se

venger des Ségestins, qui avaient appelé les Athéniens en Sicile, et ils commencèrent à les pressurer. Ségeste, cette fois, s'adressa à Carthage, et la cité africaine profita de la circonstance pour étendre sa puissance dans l'île. Elle envoya d'abord des secours; puis, Annibal, fils de Giscon, petit-fils de cet Amilcar qui périt à la bataille d'Himère, vint débarquer au promontoire de Lilybée et assiégea Sélinonte. Cette ville opposa aux Carthaginois une résistance désespérée; mais à la fin le nombre l'emporta : Sélinonte fut prise le dixième jour du siège.

La place prise, il fallut combattre dans les rues pendant onze jours; on se disputa le terrain pied à pied ; les femmes jetaient sur les assaillants tout ce qui leur tombait sous la main.

Lorsque les Sélinontins virent que leur cause était perdue, ils se rendirent sur la grande place de leur ville et ils y moururent en se défendant plutôt que de capituler. Les temples furent brûlés et pillés, les maisons détruites, les femmes et les enfants emmenés en esclavage.

Seize mille hommes restèrent sur le champ de bataille; deux mille habitants parvinrent à s'enfuir et se réfugièrent à Agrigente (410 av. J.-C.).

IV

Le siège de Véies.

(405-395 av. J.-C.)

Véies (Veii) s'élevait à 20 kilomètres N.-O. de Rome, sur une colline aujourd'hui désignée sous le nom d'*Isola*. Elle menaçait et dominait la rive droite du Tibre, et Rome voulut de bonne heure détruire une ville dans laquelle elle voyait avec raison une rivale. Il fallut un siège de dix ans pour triompher des Véiens (405-395 av. J.-C.).

Le Sénat envoya sous les murs de la ville deux armées : l'une pour assiéger Véies, l'autre pour intercepter toute communication entre la cité Étrusque et l'extérieur.

Les cinq premières années du siège n'amenèrent aucun résultat, malgré quelques avantages remportés par les Romains. Les Falisques et les Capénates furent bien repoussés, les Tarquiniens furent bien chassés du territoire de Rome, mais les Véiens restaient nombreux, riches; ils possédaient des armes et des vivres pour longtemps. Les tribuns qui se partageaient le commandement de l'armée assiégeante étaient ennemis les uns des autres; il en résultait des dissensions incessantes, dont la conséquence était d'abattre le courage des soldats et de détourner leur attention d'une entreprise qu'il leur importait si fort de mener à bien. Le peuple se fatigua de ces lenteurs : il finit par choisir dans son sein quatre tribuns consulaires (400), mais l'un de ces magistrats périt dans une bataille, et la situation restait la même après neuf années de privations et de souffrances de toute sorte.

La tradition rapporte qu'au plus fort de l'été le lac d'Albe déborda. Comme les sources et les rivières étaient alors complètement à sec, on attribua à ce fait un caractère miraculeux. Un soldat Véien, fort habile dans les sciences occultes, et attiré par ruse dans le camp romain, fut interrogé par les assiégeants. Il déclara que pour être vainqueurs les Romains devaient arrêter le débordement du lac et empêcher ses eaux débordées de tomber dans la mer. Cossus Licinius, Valérius Potitus et Fabius Ambustus allèrent consulter l'oracle de Delphes, qui confirma les déclarations du Véien.

La dixième année du siège, le Sénat donna la dictature à Camille, lequel choisit pour chef de la cavalerie Cornélius Scipion. Il fit vœu, s'il obtenait la victoire, de célébrer des jeux solennels et de dédier un temple sur l'Aventin à la Junon Véienne; puis il appela sous les armes tous les citoyens valides et le contingent que devaient fournir à Rome les Latins et les Herniques. Il arriva devant la place, après avoir repoussé les Falisques et les Capénates, et fit aussitôt creuser dans les flancs de la colline des chemins souterrains qui aboutirent à la citadelle, près du temple de Junon.

Pendant que les assiégeants donnaient un assaut général, des soldats sortirent de la mine, au moment où le général étrusque faisait un sacrifice et que le devin s'écriait, en voyant les entrailles de la victime : « La

divinité promet la victoire à qui achèvera ce sacrifice ! »
On porta au dictateur ces entrailles, et Camille sacrifia aux dieux.

Un affreux massacre commença : la plus grande partie des Véiens périt, le reste fut vendu comme esclave. Enfin, la statue de Junon fut transportée à Rome, et peut-être les colonnes de marbre antique qui décorent aujourd'hui l'église de Santa-Sabina sont-elles les derniers vestiges du temple élevé à la déesse Véienne.

La ville ne fut pas entièrement détruite, mais elle ne se releva jamais de sa chute.

« O Véies ! disait Properce, tu étais un royaume et dans ton forum s'élevait un trône d'or. Aujourd'hui, la trompe du pâtre indolent retentit dans ton enceinte, et dans tes campagnes la moisson pousse sur les os de tes citoyens ! »

V

Prise de Rome par les Gaulois et siège du Capitole.

(390 av. J.-C.)

Aucun peuple n'inspira à la ville éternelle plus de terreur que les Gaulois. A Rome, les prêtres et les vieillards, ordinairement dispensés du service militaire, perdaient cette immunité en cas de lutte avec nos ancêtres ; un trésor était spécialement consacré aux guerres contre les Gaulois ; et les Romains, si l'on en croit Salluste, avaient coutume de dire que « tout était facile à leur courage, mais que, quand ils avaient affaire aux Gaulois, ils combattaient non pour la gloire, mais pour leur salut. »

Cette terreur excessive s'explique : en 390, les Gaulois avaient pris Rome !

Tous les ans, les Cisalpins envoyaient dans l'Italie des bandes d'aventuriers piller les villes opulentes, et en 391 (av. J.-C.) une de ces bandes composée de Sénons — probablement aussi d'Insubres et de Boïens — arriva en Étrurie et mit le siège devant Clusium (auj. *Chiusi*, Toscane). Les Clusiens implorèrent l'assistance des Romains, qui envoyèrent aux envahisseurs trois jeunes patriciens de la *gens* Fabia pour les prier de se désister de leur entreprise. Les Gaulois répondirent qu'ils voulaient bien écouter les avis de Rome, mais à la condition que les habitants de Clusium leur donneraient des terres où ils pussent s'établir. Q. Ambustus, un des députés, leur ayant demandé de quel droit ils se montraient si exigeants, ils répliquèrent qu'ils n'avaient d'autre droit que leur valeur et leurs armes. Les Fabii froissés se jetèrent dans la ville assiégée, et, oubliant leur rôle conciliateur, dirigèrent une sortie où un chef sénon fut tué. Les Gaulois aussitôt demandèrent au Sénat qu'on leur livrât les députés, mais leur réclamation fut repoussée, malgré l'insistance du collège des Féciaux, et les Fabii furent nommés tribuns militaires.

Les Gaulois, se trouvant insultés, firent dire aux Boïens de leur envoyer du renfort et marchèrent sur Rome, qui avait formé une armée de 40 000 hommes. Ils rencontrèrent les légions sur les rives de l'Allia, à douze milles de Rome, et les taillèrent en pièces : l'aile droite se retira dans la ville, l'aile gauche à Véies ; les vestales, les enfants et les femmes se réfugièrent dans les cités voisines, et les jeunes gens, avec l'élite du Sénat, s'enfermèrent dans le Capitole (16 juillet 390).

Le lendemain de cette bataille, les éclaireurs Gaulois arrivèrent devant Rome : ils trouvèrent les murs abandonnés, les portes ouvertes, les rues silencieuses ; mais ce qui les étonna le plus, ce fut de voir des sénateurs, assis sur leurs chaises curules, les regarder fixement sans proférer une parole. Un Gaulois, s'étant arrêté devant Papirius, passa sa main sur la longue barbe du vieillard, qui le frappa de son bâton. Papirius fut tué, et ce meurtre devint le signal du massacre et de l'incendie.

Vainement, les Gaulois essayèrent d'atteindre au

Capitole : la pente était rapide, les sentiers étroits, et l'on convertit le siège en blocus. Camille exilé souleva les Ardéates contre les envahisseurs et livra aux Gaulois quelques combats où il les défit. Ces succès relevèrent le courage des assiégés, et les Romains réfugiés à Véies nommèrent Camille dictateur. Le jeune plébéien Cominius parvint à gagner la citadelle ; il rapporta à Camille la sanction du Sénat. Mais les Gaulois remarquèrent l'empreinte de ses pas, se guidèrent sur elle, et auraient peut-être pris le Capitole par surprise au milieu d'une nuit pluvieuse, sans les oies de Junon qui donnèrent l'alarme. Le patricien Manlius accourut avec la garnison : il arrêta l'assaut en précipitant du haut des roches ceux qui se trouvaient à sa portée. A ce moment les Gaulois, décimés par une épidémie, apprirent que les Vénètes venaient d'envahir le territoire des Boïens. Ils consentirent donc à négocier.

Le 13 février 390, le *brenn* ou chef Gaulois signa avec Sulpicius un traité en vertu duquel les Romains s'engageaient : 1° à payer 1000 livres pesant d'or (326 k. 340 gr.) ; — 2° à fournir aux Gaulois des vivres et des moyens de transport ; — 3° à céder une portion de leur territoire ; — 4° à tenir, quand Rome serait rebâtie, une porte constamment ouverte en mémoire de l'entrée des Gaulois.

Lorsqu'on pesa les mille livres d'or, les Romains reprochèrent aux Gaulois de se servir de faux poids. Mais le brenn, loin de les écouter, jeta encore son sabre dans la balance en s'écriant : « *Væ victis !* Malheur aux vaincus ! » Puis, il s'éloigna avec son armée en suivant les deux rives du Tibre.

Tite Live raconte que Camille, annulant le traité de

son autorité dictatoriale, poursuivit les vainqueurs et les extermina jusqu'au dernier. La critique regarde cette assertion comme légendaire, et avec raison, car tout s'accorde à prouver que nos ancêtres eurent la gloire de prendre Rome et de lui imposer leurs condi-

Fig. 5. — Bouclier votif.

tions. Suétone lui-même rapporte que Drusus revint de la Gaule avec l'or donné autrefois aux Sénons lors du siège du Capitole. Justin nous apprend que les Étoliens répondirent une fois aux Romains qu'ils n'avaient pu résister aux Gaulois et qu'ils avaient racheté leur ville ;

et, suivant le même auteur, Mithridate, haranguant ses troupes, leur dit pour les encourager : « Les Gaulois, éternel effroi de Rome, ont non seulement vaincu les Romains, mais pris leur ville, et ils ne leur ont laissé d'autre asile que le sommet d'une montagne. C'est l'or et non le fer qui les éloigna ». On doit donc regarder le fait rapporté par Tite Live comme une légende, très glorieuse pour Rome, mais en contradiction complète avec le témoignage des autres historiens.

VI

Le siège de Tyr par Alexandre.

(332 av. J.-C.)

Pendant que Darios III, battu à Issos, s'enfuyait par Thapsaque au delà de l'Euphrate, Alexandre le Grand se dirigeait vers les villes de la Phénicie, dont il avait besoin de se rendre maître pour défendre aux Perses l'accès de la mer. Tyr, en apprenant l'approche du conquérant macédonien, lui envoya des présents et des rafraîchissements pour son armée ; mais elle voulut voir en lui un ami, non un maître, et elle refusa absolument de laisser Alexandre entrer dans la ville pour sacrifier à Hercule. Aussitôt, le roi de Macédoine entreprit le siège de l'antique cité des Phéniciens.

Tyr se composait d'une partie insulaire où se voyaient ses arsenaux et ses temples, et d'une partie continentale appelée la vieille Tyr (Palæ-Tyros). La Tyr insulaire était défendue par une muraille de cent cinquante pieds de haut, baignée par la mer, et dans laquelle les Tyriens avaient une entière confiance ; puis, les ambassadeurs carthaginois qui, selon la coutume, étaient venus offrir à Hercule le sacrifice annuel, avaient promis aux assiégés de leur envoyer de prompts secours. Toutefois, avant de commencer les travaux, Alexandre engagea les Tyriens à la paix ; mais les hérauts qu'il leur envoya furent précipités dans la mer. Cette fois, son orgueil se révolta, et il décida immédiatement la construction d'un môle qui réunirait l'île au continent. Il trouva tous les matériaux nécessaires dans Palæ-Tyros, et le Liban lui fournit du bois pour la charpente et le pilotis ; lui-même surveilla les travailleurs. Continuellement, les Tyriens s'avançaient dans des barques, lançaient des flèches sur les soldats, insultaient les Macédoniens : « Il fait beau, — disaient-ils, — voir ces conquérants si renommés par tout le monde porter des fardeaux sur leur dos comme des bêtes de charge ! » Ou bien ils demandaient ironiquement « si Alexandre était plus grand que Neptune et s'il prétendait l'emporter sur lui ». Ces moqueries ne faisaient qu'exciter les soldats, qui travaillaient avec plus d'ardeur que jamais et qui finirent par élever à la tête de leurs ouvrages deux tours de bois pour empêcher l'ennemi d'approcher. Des peaux et des toiles furent tendues de manière à protéger les ouvriers.

Malgré ces précautions, les Tyriens descendirent sur la côte où ils tuèrent ceux qui transportaient des pierres ; sur le Liban, des Arabes donnèrent la mort aux Macédoniens qu'ils y rencontrèrent. Enfin, les assiégés remplirent un vaisseau de matières inflammables, le traînèrent en mer et y mirent le feu lorsqu'ils furent arrivés près des ouvrages : les deux tours s'enflammèrent aussitôt ; un effroyable incendie se déclara dans les constructions ; les manœuvres périrent ou se jetèrent à la mer. Alexandre répara tant bien que mal les dégâts, et déjà l'ouvrage approchait de sa fin lorsqu'une tempête rompit la digue et produisit un éboulement presque général. Que faire ? Tant qu'on ne serait pas maître de la mer, on n'arriverait à aucun résultat favorable. Le roi de Macédoine, rassemblant à Sidon les galères qu'il possédait, fit voile vers Tyr avec les rois de Phénicie et de Chypre, et bloqua la ville. Grâce à cette mesure, le môle fut achevé : on y disposa des machines, pendant que la flotte de Chypre allait se placer du côté de Sidon et que celle de Phénicie jetait l'ancre du côté opposé. On s'occupa alors de déblayer le pied des murailles que les Tyriens avaient encombré de pierres énormes.

Sur ces entrefaites, les ambassadeurs carthaginois arrivèrent, mais pour prévenir les assiégés qu'ils ne devaient plus attendre de secours. Tout ce qu'on pouvait faire, c'était de recevoir à Carthage les enfants et les femmes, et débarrasser ainsi la ville des bouches inutiles, proposition qui fut acceptée. A ce moment, un habitant rêva qu'Apollon, dont la statue prise en Sicile (412 av. J.-C.) avait été donnée à Tyr par les Carthaginois, passait à l'ennemi. On eut peur et on enchaîna la statue avec des liens d'or. Puis on résolut de devancer Alexandre, et, saisissant l'instant où les postes macédoniens étaient mal gardés, on attaqua la flotte de Chypre. On dut se retirer en voyant accourir le roi lui-même, mais l'on coula ou l'on fit échouer plusieurs vaisseaux ; on lança sur l'ennemi des projectiles de toute sorte, ainsi que du sable fin qui s'attachait à la peau et qui, étant embrasé, la brûlait et causait d'atroces souffrances aux malheureux sur lesquels il tombait. Dans un second combat, Alexandre fut bien le plus fort, mais il lui fut impossible de pénétrer dans le port à la suite des navires tyriens.

Deux jours après, il donna un assaut général. Sous les coups des béliers, quelques pans des murailles tombèrent ; les *argyraspides* (soldats armés de boucliers argentés), commandés par le brave Admète, se précipitèrent par cette ouverture, et Alexandre lui-même, revêtu de ses habits royaux, s'exposa au haut d'une tour aux coups de ses ennemis, sur lesquels il lançait des flèches. De la tour, il passa sur les murs, pendant que les Tyriens se barricadaient dans les rues, transformaient en forteresse le temple d'Agénor, et du toit de leurs maisons jetaient sur les Macédoniens en fureur tout ce qui leur tombait sous la main. Tous ceux qui ne s'étaient pas réfugiés dans les temples furent victimes de la colère d'Alexandre, et 2000 d'entre eux, paraît-il, furent crucifiés au bord de la mer; d'autres, au nombre d'environ 30 000, devinrent esclaves. Seuls, le roi Azémilcos, les grands de la ville et les députés carthaginois furent épargnés.

Alexandre sacrifia à Hercule. A la lueur des torches, on célébra des jeux gymniques. La catapulte qui avait servi à faire une brèche à la muraille fut vouée aux dieux. La statue d'Apollon, délivrée de ses chaînes, reçut les plus grands honneurs et le nom de *Philalexander*.

Ainsi se termina ce siège de sept mois, qui donna peut-être au roi de Macédoine plus d'ennuis et de peine que presque toutes ses conquêtes : une ville, abandonnée à elle-même, put tenir plusieurs mois en échec le vainqueur de Darios III.

VII

Le siège de Rhodes, par Démétrius Poliorcète.

(305-304 av. J.-C.)

Antigone, qui régnait en Asie-Mineure et en Syrie, voulut entraîner les Rhodiens contre Ptolémée. Sur leur refus, il chargea son fils Démétrius de mettre le siège devant Rhodes. Vainement les Rhodiens essayèrent-ils de traiter : les conditions du fils d'Antigone furent inacceptables et on se prépara à lui résister.

Démétrius rassembla une flotte considérable dans le port de Loryma, en face de Rhodes, et il parut devant cette ville avec 360 navires et 40 000 hommes, sans parler de la cavalerie ni des pirates alliés. Il entoura son camp d'une triple enceinte, fit construire un port assez vaste pour contenir sa flotte, et envoya pirates et soldats procéder au pillage de l'île.

Pendant ce temps, les Rhodiens demandèrent des secours à leurs alliés, renvoyèrent les bouches inutiles, promirent la liberté aux esclaves qui seraient braves, et déclarèrent que les parents de ceux qui mourraient dans la lutte seraient aidés par l'État et ne manqueraient de rien. Ces déclarations remplirent la population d'enthousiasme : on répara les brèches, on fabriqua des balistes et des catapultes, et trois vaisseaux rhodiens coulèrent des navires ennemis qui apportaient des vivres aux assiégeants ; l'équipage fut retenu prisonnier jusqu'à ce que Démétrius le rachetât.

Ce prince commença l'attaque du côté de la mer. Il avait fait fabriquer deux tours à quatre étages et deux tortues placées sur des bâtiments plats ; et dans les barques, des machines, protégées par un rempart de bois, avaient été disposées pour lancer des traits.

Les Rhodiens avaient établi trois engins sur des bâtiments de charge, à l'entrée du petit port, et deux sur la digue. Les navires du grand port étaient remplis de catapultes.

Démétrius fit avancer ses machines contre les deux ports, mais le vent contraire l'empêcha d'agir. Le soir, la mer étant calme, il put s'établir sur une éminence près du môle qui dominait le grand port, avec 400 soldats, et commencer l'assaut ; mais pendant huit jours consécutifs toutes ses attaques furent repoussées. A ce moment, les Rhodiens lui firent éprouver une telle défaite qu'il lui fallut une semaine pour réparer les dommages causés à ses machines.

Ptolémée, roi d'Égypte, et la ville de Gnosse, envoyèrent alors des secours aux assiégés, et Démétrius, renonçant à attaquer Rhodes par mer, résolut de la prendre par terre. Il fit construire des engins de toute sorte et il employa à ce travail 30 000 hommes : l'ouvrage fut fait si rapidement que Démétrius reçut dès lors le surnom de *Poliorcète* (preneur de villes). Parmi les machines, il s'en trouva une de taille gigantesque : l'*hélépole*[1]. De leur côté, les Rhodiens élevèrent un

---

[1] Voici la description de l'*hélépole*, par M. Hœfer (2ᵉ *Mémoire sur les ruines de Ninive*) : « On fait avec des poutres liées par des crampons de

contre-mur à l'endroit où cet engin devait être mis en mouvement.

Au bout d'un an, les assiégés avaient tenté de furieuses sorties, les assiégeants avaient donné de terribles assauts; mais on n'était pas plus avancé qu'au premier jour.

A cette époque, Démétrius reçut de son père une lettre qui l'engageait à traiter de la paix : Ptolémée avait lui aussi engagé les Rhodiens à profiter de la première occasion qui se présenterait pour cesser les hostilités. Les deux peuples belligérants, désirant ardemment ne plus continuer la lutte, choisirent comme médiateurs les députés de la ligue étolienne : on traita, et Démétrius retourna près de son père. Rhodes garda son indépendance et conserva les machines fabriquées par le fils d'Antigone : elle les vendit, bientôt après, 300 talents, et cette somme fut employée à la construction du fameux colosse ou phare de Rhodes[1].

er une énorme tortue; on la couvre de peaux de bœufs et de branches d'osier couvertes de terre glaise, pour la mettre à l'abri des projectiles enflammés. Le front est garni de pointes très aiguës, lourdes masses de fer, et telles que les sculpteurs nous représentent les foudres ». — Végèce (*De re milit.*, IV) dit qu'un ingénieur Rhodien ouvrit une galerie souterraine qui passait sous le chemin par où l'on devait rouler l'hélépole : quand Démétrius fit approcher la machine, elle défonça le sol et tomba dans la galerie d'où l'on ne put la retirer.

[1] Il paraît bien certain que ce phare à figure humaine ou divine n'avait pas un pied sur un rivage et un pied sur un autre, mais était debout par un côté seulement.

VIII

**Les sièges de la seconde guerre punique (219-202 av. J.-C.).
Sièges de Sagonte (219), de Syracuse (215-212)
et de Capoue (211).**

Au moment où commença la seconde guerre punique, la situation de Carthage, malgré ses possessions partout disséminées, était bien inférieure à celle de la république romaine, si régulièrement constituée. Les Carthaginois le savaient, et ils ne désiraient pas la guerre. Mais Annibal, héritier de la haine d'Amilcar, voulut à toute force lutter contre Rome, en dépit des traités et des avis contraires d'une partie du Sénat.

Avant tout, il s'assura la soumission des Espagnols du centre et des hautes vallées du Tage; puis, sans prendre l'avis de Carthage, il vint assiéger Sagonte, dont l'indépendance avait été garantie par un traité conclu entre Asdrubal et les Romains. Vainement les Sagontins firent valoir leurs droits, vainement Rome envoya des députés au général et au Sénat carthaginois: Annibal ne voulut pas renoncer à un acte qui entraînerait nécessairement les hostilités. A la tête de 150 000 hommes, il attaqua la ville par trois côtés différents; les murailles et les tours tombèrent bientôt sous les coups incessants des béliers; et les Sagontins désolés poussèrent un cri de détresse qui retentit jusque dans le Sénat. Une seconde ambassade fut envoyée à

Carthage. Fabius, qui en faisait partie, déclara aux concitoyens d'Annibal qu'il fallait choisir entre la paix et la guerre : « Je porte ici l'une et l'autre, dit-il en relevant un pan de sa toge, choisissez! — Choisissez-vous-même, lui fut-il répondu. — Eh bien, la guerre! » s'écria Fabius, et il laissa retomber sa toge, comme s'il secouait sur Carthage la mort et la destruction (219).

Pendant ces négociations, la misère des assiégés allait de mal en pis. Ils avaient demandé à Annibal ses conditions, mais ils les trouvèrent inacceptables. Désespérés, les chefs Sagontins firent élever un bûcher sur la place publique; ils y transportèrent leurs richesses et leurs objets précieux; puis ils se précipitèrent eux-mêmes dans les flammes. A ce moment, une tour en s'écroulant livra passage aux Carthaginois, qui massacrèrent tous les habitants capables de tenir une épée. Le butin et les dépouilles furent envoyés à Carthage et servirent à décorer ses temples et ses palais. Certains historiens ont prétendu que Sagonte fut entièrement détruite; mais cette opinion est fort exagérée, attendu que les Scipions reprirent cette ville quatre ans plus tard, et que l'on voit encore aujourd'hui ses ruines près de Murviedro.

Annibal résolut alors d'aller au-devant des Romains. Il franchit le Rhône et les Alpes, gagna les batailles du Tessin, de la Trébie, de Trasimène, de Cannes, et conclut des alliances avec les Brutiens, les Lucaniens, les Apuliens et quelques villes de la Campanie. Parmi ces dernières se trouvait Capoue, cité célèbre, sur le Vulturne, devenue après la ruine de Cumes la capitale de la Campanie. Son climat, sa fécondité, l'industrie de ses habitants, ses monuments magnifiques, avaient excité de bonne heure la convoitise des Romains. Vaincus en 420 avant Jésus-Christ par les Samnites, les

Fig. 4. — Porte antique de Capoue.

Capouans parvinrent cependant à chasser de leur ville la garnison ennemie qui y avait été laissée, et pour plus de sécurité ils se placèrent sous la protection de Rome, tout en conservant leurs coutumes et leurs lois. Après la bataille de Cannes, ils se donnèrent à Annibal, qui leur avait promis de faire de Capoue la première ville de l'Italie; ils firent étouffer dans des bains publics les habitants romains, ouvrirent leurs portes aux Carthaginois, et Annibal résolut d'attendre dans un si beau pays les secours qu'il avait demandés à Carthage. Rome profita si bien de l'inactivité volontaire ou forcée de son ennemi, que le général Africain se vit bientôt entouré par les légions, et s'enfuit en toute hâte vers Arpi, où il comptait opérer sa jonction avec Philippe de Macédoine. Il revint au secours de Capoue, mais il ne put empêcher les Romains de remporter quelques succès partiels. Il prit la direction de Tarente, croyant qu'on allait le poursuivre, mais il se trompait : Fabius et Marcellus continuèrent à reprendre possession de la Campanie, et à la fin de l'année 214 avant Jésus Christ, Annibal n'avait plus que quelques villes d'Apulie. De son côté, Philippe de Macédoine se faisait tailler en pièces par Valérius.

La situation des Romains s'améliorait de plus en plus. Il ne restait désormais qu'à soumettre Syracuse qui venait de faire défection. Hiéronyme, successeur de Hiéron, avait entamé des négociations avec Annibal, mais il fut renversé par une conjuration (215) formée pour l'établissement de la république, et les Syracusains recherchèrent l'alliance de Rome. Malheureusement, Hippocrate et Epicyde, chargés du commandement des troupes, avaient longtemps résidé à Carthage, dont ils partageaient la haine contre la ville de Romulus. Ils persuadèrent à leurs concitoyens que Marcellus se disposait à les massacrer, et la guerre commença, malgré les négociations vainement entreprises par Marcellus et les intentions pacifiques de ce général. Immédiatement, la ville fut bloquée par terre et par mer.

Syracuse, protégée par la mer, fournie de vivres, d'armes et de machines, était entourée de murailles et défendue par les forts de Labdale, d'Hexapyle et d'Euryale. Elle se divisait en cinq quartiers (Ortygie, Achradine, Tyché, Néapolis, Épipole), dont chacun était isolément fortifié. Enfin, elle avait Archimède, qui essaya de sauver sa patrie en appliquant les principes scientifiques dont l'étude occupa toute son existence. Tantôt des quartiers de roc, lancés par les machines, écrasaient les assiégeants; tantôt des mains de fer enlevaient les navires et les laissaient retomber ensuite dans la mer ou sur les rochers où ils se brisaient. Archimède aurait aussi, selon certains auteurs, brûlé à distance les vaisseaux romains au moyen de miroirs ardents. Tite Live, Plutarque, Polybe, restent muets sur cette expérience. Descartes s'en occupa, et Buffon parvint à brûler du bois à distance à l'aide d'un assemblage de miroirs. Trente ans plus tard, on découvrit un passage d'Anthémius, qui expliquait le mécanisme des miroirs d'Archimède presque de la même manière que Buffon. Ce qui est certain, c'est que le grand géomètre inspira aux Romains une sorte de terreur et que les soldats n'osèrent plus se tenir à la portée des traits. Marcellus, changeant le siège en blocus, confia la surveillance des travaux à Appius, et profita du loisir que lui laissait cette circonstance pour repousser Imilcon, maître d'Agrigente. Comme le camp des Carthaginois n'était qu'à huit lieues de Syracuse et que tous les jours des vivres entraient sans difficulté dans le port, Hippocrate, rempli d'espoir, essaya de se joindre à Imilcon : vaincu par Marcellus, il arriva près de son allié avec un très petit nombre d'hommes échappés au désastre. Impatient d'en finir, le général romain usa de ruse. Un esclave, se donnant comme déserteur, corrompit des Syracusains qui consentirent à ouvrir les portes, mais un des conjurés vendit ses compagnons, et le complot échoua.

A quelque temps de là, un soldat, en comptant les pierres d'une tour voisine du port Trogyle, calcula la hauteur de cette tour. Marcellus, se basant sur ce calcul, fit en secret fabriquer des échelles suffisamment longues, et le jour des fêtes de Diane, au moment où les Syracusains étaient plongés dans les plaisirs et dans l'ivresse, les échelles furent disposées le long des murs. Le matin, les Romains étaient maîtres de Tyché, de Néapolis, d'Épipole et du fort d'Hexapyle. Les assiégés surpris se réfugièrent dans l'Achradine et l'île d'Ortygie, pendant qu'Imilcon et Hippocrate étaient énergiquement repoussés. L'amiral Bomilcar, qui était allé chercher de nouveaux navires, n'osa, à cause des vents contraires, attaquer la flotte romaine, infiniment plus faible que la sienne. Epicyde s'enfuit à Agrigente, et les Syracusains se rendirent alors à Marcellus qui leur promit la vie sauve, mais demanda la mort des généraux des troupes auxiliaires. Les déserteurs romains soulevèrent les auxiliaires, exaspérés du meurtre de leurs officiers, et ce fut seulement par la trahison d'un des rebelles que Marcellus put s'emparer de l'Achradine et de l'île d'Ortygie. Le siège avait duré trois ans (215-212 av. J.-C.).

Marcellus abandonna à regret aux légionnaires une ville remarquable par les chefs-d'œuvre qu'elle renfermait. Il pleura en voyant Syracuse devenue la proie de troupes irritées par les souffrances d'un long siège. Il avait bien recommandé à ses soldats d'épargner Archimède, mais le vieillard, occupé à tracer des figures géométriques, fut tué par un légionnaire, impatienté de voir qu'Archimède, au lieu de lui répondre, continuait ses calculs. Marcellus lui fit élever un tombeau sur lequel, selon son désir, on sculpta une sphère inscrite dans un cylindre. Dans la suite Cicéron, questeur en Sicile, trouva ce monument couvert de ronces et il le fit réparer.

La chute de Syracuse n'abattit pas le courage d'Annibal : il surprit Tarente, il attira Gracchus dans une embuscade mortelle, et, au milieu de ces succès, il apprit la défaite et la mort de Cnœus et de Publius Scipion. Mais, lorsqu'en 211 il accourut pour délivrer Capoue, assiégée par deux armées consulaires, l'importance des travaux entrepris par les Romains devant la ville lui fit peur. Il marcha sur Rome, espérant que toute l'armée l'y suivrait, mais Appius resta devant Capoue, et Flaccus seul accourut. La pluie, les vents, l'orage, secondèrent le courage des Romains. Florus raconte que le champ où les Carthaginois dressèrent leurs tentes fut mis à l'encan et qu'il se rencontra un acheteur. Tant de fermeté, tant d'audace découragèrent Annibal, qui se retira dans le Brutium et renonça à sauver Capoue. La malheureuse ville, réduite aux dernières extrémités, ouvrit donc ses portes. Elle fut saccagée, et devint, avec son territoire, propriété romaine; soixante-dix sénateurs furent égorgés, trois cents nobles condamnés aux fers, le peuple vendu (211 av. J.-C.).

Bientôt Asdrubal, qui venait secourir son frère, fut

battu par Cl. Néron et Liv. Salinator. Les Romains, désireux de se venger, se transportèrent en Afrique, sous la conduite de Scipion, et, par la bataille de Zama (202), consommèrent la ruine de Carthage.

IX

Le siège de Carthage.

(149-146 av. J.-C.)

A la fin de la seconde guerre punique, les Carthaginois avaient pris l'engagement de ne faire aucune guerre sans l'assentiment du Sénat. Le prince numide Masinissa, ami des Romains, vit dans cette clause une occasion d'agrandir ses États et, sachant bien que Rome lui donnerait raison, enleva aux Carthaginois le territoire d'Emporie (193), la province de Tisca et soixante-dix villes (174). Parmi les commissaires romains qui furent envoyés en Afrique sous prétexte de régler le différend, se trouvait Caton, qui vit avec autant de surprise que de jalousie Carthage redevenue riche et florissante. Lorsque les commissaires revinrent à Rome sans avoir rien résolu, ils firent un tableau si saisissant de l'état prospère de la patrie d'Annibal, que le Sénat fut effrayé. Désormais, Caton termina tous ses discours, quel qu'en fût le sujet, par ces mots célèbres : « *Delenda est quoque Carthago!* c'est-à-dire : « Et de plus, il faut détruire Carthage! »

A quelque temps de là, Carthage, voyant qu'on ne lui rendait pas justice, se décida à repousser une nouvelle attaque de Masinissa. Le Sénat profita de cette circonstance pour reprocher aux Carthaginois de violer les traités et leur déclarer la guerre. Déjà, quatre-vingt mille hommes étaient partis pour l'Afrique, quand des ambassadeurs vinrent dire aux Romains que leur patrie était prête à se soumettre aux décisions de la République. Le Sénat demanda trois cents otages et répondit que les violateurs des traités auraient à se soumettre aux décisions des consuls. Ceux-ci, en débarquant en Afrique, se firent livrer les armes et les machines de guerre; puis Marcius Censorinus dit à la foule désarmée et impuissante : « Je vous loue de votre prompte obéissance à exécuter les ordres du Sénat. Connaissez à présent ses dernières volontés; il vous commande de sortir de Carthage qu'il a résolu de détruire et de vous établir dans le lieu que vous choisirez, pourvu que ce soit à quatre-vingts stades de la mer » (149).

Tant de lâcheté rendit des forces à ce peuple affaibli. Asdrubal, un des chefs du parti populaire, réunit soixante-dix mille hommes dans le camp de Néphéris. Les factions oublièrent leurs haines pour ne songer qu'à défendre Carthage. Nuit et jour, on fabriqua des traits ou des épées. Les femmes donnèrent leurs bijoux et sacrifièrent leur chevelure pour faire des cordages. Aussi, lorsque Censorinus et Manilius se présentèrent devant la ville, ils furent bien étonnés de la trouver en état de défense ; et, pendant qu'ils échouaient dans la plupart des assauts, l'armée extérieure des Carthaginois leur faisait éprouver de terribles défaites. Posthumius Albinus et Calpurnius Piso, les deux consuls de l'année suivante (148 av. J.-C.), ne furent pas plus heureux dans leurs tentatives, et sans la présence de Scipion Émilien, fils de Paul-Émile, les assiégés auraient remporté plus d'une victoire sanglante. Celui-ci étant revenu à Rome pour demander l'édilité, on lui donna le consulat, sans qu'il le demandât, et on le renvoya en Afrique.

Carthage se divisait en trois parties : les ports, la citadelle (Byrsa) et la ville (Mégara), contre laquelle Scipion dirigea d'abord ses attaques (147 av. J.-C.). Par une nuit obscure, il fit dresser des échelles le long des murs et il surprit les Carthaginois, qui durent se réfugier dans la citadelle. Ensuite il ferma le port avec une vaste levée de terre, et coupa, au moyen d'un fossé et d'un mur, l'isthme sur lequel était bâtie la ville. Les assiégés, loin de perdre courage, eurent la patience de creuser dans le roc une nouvelle ouverture sur la mer, et, sortant avec une flotte, construite à la hâte avec les débris de leurs maisons, ils engagèrent avec les Romains une bataille navale qui dura deux jours, mais dont l'issue resta indécise malgré les pertes des assiégés.

A l'approche de l'hiver, Scipion fit élever une muraille sur laquelle il plaça des archers chargés d'inquiéter les Carthaginois, et il employa la belle saison à attaquer le camp de Néphéris.

Au retour du printemps (146 av. J.-C.), il s'empara de la muraille qui entourait le port Cothon et conduisit ses soldats victorieux sur la plus grande place de Carthage. Il voulut ensuite monter à la citadelle (Byrsa), mais il dut pour cela s'engager avec ses troupes dans trois rues étroites, dont les maisons étaient remplies de soldats. Pendant six jours et six nuits, les Romains exterminèrent ce malheureux peuple et réalisèrent le vœu de Caton. Les légionnaires étaient obligés pour avancer de jeter dans des fosses, au moyen de crocs,

4

les cadavres qui jonchaient les rues. Le septième jour, les Carthaginois supplièrent Scipion de les laisser sortir de la citadelle sans attenter à leur vie, et, sur la promesse du consul, cinquante mille d'entre eux passèrent dans le camp ennemi. Quant aux transfuges, qui avaient mutilé les prisonniers romains, ils n'obtinrent aucune trêve, et se réfugièrent dans le temple d'Esculape avec Asdrubal, sa femme et ses deux enfants. Ils se défendirent courageusement pendant quelques jours, bien décidés à ne pas tomber vivants dans les mains des vainqueurs. Seul Asdrubal eut la lâcheté de venir implorer la clémence du consul. Sa femme, le voyant aux genoux de Scipion : « Je n'invoque point contre toi, ô Romain! dit-elle au général, la vengeance divine, car tu ne fais qu'user des droits de la guerre, mais puissent les dieux protecteurs de Carthage et toi-même, de concert avec eux, punir comme il le mérite ce perfide qui a trahi sa patrie, ses dieux, sa femme et ses enfants ! » — « Lâche, dit-elle ensuite à Asdrubal, va orner le triomphe de tes vainqueurs ; va porter des chaînes d'esclave à Rome et subir le supplice dû à ta perfidie. » A ces mots, elle égorge ses enfants, les jette dans les flammes et s'y précipite aussi, avec tous les transfuges.

La ville, d'abord pillée, fut ensuite livrée aux flammes par ordre du Sénat, et l'incendie dura dix-sept jours. On raconte que Scipion, en voyant autour de lui tant de ruines fumantes, pleura et s'écria avec Homère : « *Viendra un jour où périra Troie, la cité sainte, et où périront avec elle Priam et son peuple !* » Comme Polybe, qui se trouvait alors auprès du consul, lui demandait quel sens il attachait à ces vers du poëte :

« C'est Rome, répondit-il, qui occupe ma pensée; je crains pour elle l'instabilité des choses humaines. Ne pourrait-il point se faire qu'elle éprouvât un jour les malheurs de Carthage? »

X

Le siège de Numance.

(133 av. J.-C.)

A la mort de Viriathe, la guerre d'Espagne se concentra au nord. Quatre mille Numantins enfermèrent le consul Mancinius dans une gorge sans issue et lui imposèrent un traité humiliant que le Sénat ne voulut pas ratifier. Scipion Émilien fut envoyé en Espagne, et la guerre recommença. A son arrivée, le vainqueur de Carthage trouva les légions dans le plus pitoyable état : l'indiscipline, le désordre, la licence, régnaient en maîtres dans les camps. Il soumit aussitôt l'armée à une discipline sévère et la conduisit chez les peuplades voisines pour l'habituer aux combats; puis il revint établir ses quartiers d'hiver devant Numance qu'il comptait prendre par la famine.

Numance s'élevait sur le penchant d'une colline; elle était défendue par de bons retranchements; une citadelle redoutable, située dans son enceinte, était réservée aux conseils de guerre et aux assemblées du gouvernement. Au pied des murailles coulait le Durius.

Les assiégés, vaincus dans une sortie, demandèrent plusieurs fois la paix, mais leur démarche ne fut pas écoutée. Alors ils offrirent la bataille à Scipion, mais, au lieu de relever le défi, le Romain fit entourer Numance d'une ligne de contrevallation de deux lieues. Il fit ensuite creuser un fossé garni de pieux, et construire un mur de huit pieds d'épaisseur, de dix pieds de hauteur, flanqué de tours dans toute son étendue. Restait le Durius par lequel les Numantins pouvaient recevoir des vivres : « Scipion bâtit, dit Rollin, sur les deux rives, deux forts d'où il jeta sur toute la largeur du fleuve de longues et fortes poutres attachées des deux côtés à de gros câbles. Ces poutres étaient armées de longues pointes de fer qui, étant perpétuellement agitées par le mouvement des eaux, fermaient le passage, et aux nageurs, et aux plongeurs, et à ceux qui auraient voulu passer dans des barques. »

L'armée romaine se composait de 60 000 hommes : la moitié garda les murs ; 20 000 soldats furent réservés pour les batailles ; le reste forma une sorte de troupe de renfort destinée à prêter main-forte en cas de besoin. Comme les sorties des assiégés étaient invariablement repoussées, un Numantin, nommé Rhétogenès Caraunius, franchit de nuit les lignes ennemies et vint demander des secours aux villes des Arévaques. Il fut partout éconduit. Seuls, quelques jeunes gens de Lutia lui promirent leur aide, mais Scipion, averti à temps, accourut et fit couper la main à 400 rebelles. Cependant, les Numantins, en proie aux horreurs de la famine, envoyèrent six messagers à Scipion pour s'informer de ses conditions. Le consul demanda armes et gens à discrétion.

La population, jalouse de sa liberté, massacra les députés et tenta quelques sorties furieuses. Mais bientôt les Numantins se reconnurent vaincus, et ils capitulèrent. Seulement, ils profitèrent d'un délai de deux jours, que leur accorda Scipion, pour s'égorger mutuellement. Tous ceux qui tombèrent vivants entre les mains des Romains furent vendus comme esclaves, à l'exception de 50 d'entre eux que le vainqueur réserva pour orner son triomphe. La ville fut détruite et le territoire partagé entre les peuples voisins.

Ainsi finit Numance, dont le seul crime fut d'avoir cherché à se soustraire à la domination injuste des Romains.

XI

Conquête de la Gaule par César. — Sièges d'Avaricum et d'Alésia.

(52 av. J.-C.)

Avant d'entreprendre le récit des sièges remarquables de la guerre des Gaules, il n'est pas hors de propos de donner quelques détails sur l'état militaire des deux peuples qui allaient se trouver en présence.

Les armes dont on se servait en Gaule nous sont assez bien connues. Tout d'abord, nous trouvons le *sabre de fer à deux mains* (μάχαιρα, σπάθη), sans pointe, et que les guerriers portaient sur la cuisse droite, suspendu à une chaîne. Cette arme fut dans la suite remplacée par l'épée de bronze : celle qui fut trouvée à Hallstadt, en Autriche, mesure 90 centimètres et est munie d'une poignée d'ivoire. On employait aussi deux espèces de lances : le *lonchus*, large de deux coudées, avec une poignée de bois et une pointe de métal, et le *saunium*, formé de deux branches, dont l'une était recourbée et déchirait les chairs lorsqu'on retirait la lance de la blessure.

C'étaient là, avec la fronde (σφένδονη) et le *matras* (javelot), les seules armes offensives des Gaulois. Parmi les armes défensives, dont par jactance on ne voulut se servir que très tard, il faut citer :

1° Le casque d'airain au cimier très élevé et décoré de têtes d'animaux ; — 2° les cuirasses de mailles de fer, sortes de tuniques attachées avec des ceinturons à ornements dorés ou argentés ; — 3° des boucliers hauts, d'après Diodore, comme les guerriers qui les portaient. Une statue du musée Calvet, à Avignon, représente un Gaulois tenant un de ces boucliers, qui étaient généralement faits de bois et dépourvus d'ornements.

Ce qui faisait la supériorité des armées romaines, c'était l'habileté avec laquelle étaient combinées les différentes armes de la légion. « Inébranlable et unie en face des rapides cavaliers de l'Atlas ou des bandes désordonnées des barbares, la légion était divisée et légère devant la phalange macédonienne ou les chars à faux et les éléphants d'Antiochus. » Une légion romaine se composait de 5 ou 6000 soldats (*legionarii*), d'un corps d'auxiliaires et de 300 cavaliers, et deux légions réunies formaient une armée consulaire. Les légionnaires portaient un casque, un bouclier carré long, une cuirasse de feuilles de métal, une épée suspendue à l'épaule au moyen d'un baudrier. La dixième partie d'une légion s'appelait *cohorte* (*cohors*).

Lorsque les Romains étaient en campagne, ils établissaient leurs camps de la manière suivante. Ils creusaient d'abord un fossé (*fossa*) autour de l'emplacement qu'ils avaient choisi pour dresser leurs tentes. Ce fossé était destiné à protéger un *agger* ou vaste levée de terre surmontée de palissades (*vallum*). Lorsque la nature du sol ne permettait pas une levée de terre, on remplissait de broussailles une enceinte de troncs d'arbres, et l'on couvrait cette enceinte d'une palissade et d'une galerie de bois, faite pour abriter les soldats. La colonne Trajane renferme un *agger* de ce genre. Chacun des quatre côtés du camp était muni d'une porte et l'intérieur était divisé en sept rues, dont la plus large (30^m,50), appelée *Via principalis*, faisait communiquer les deux portes latérales. En avant de cette rue, on en voyait une autre percée paral-

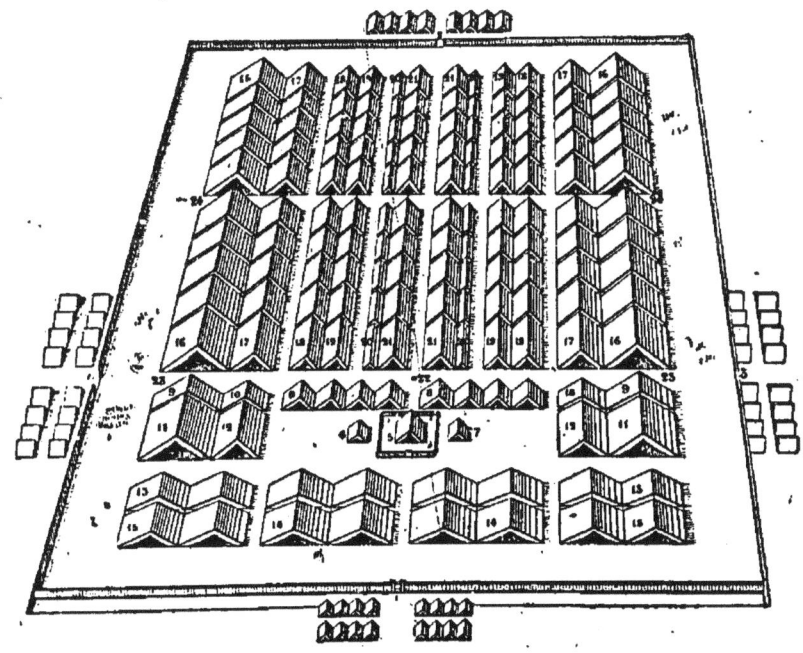

Fig. 5. — Camp romain.

lèlement, large de 15^m,25, et désignée sous le nom de *Via quintana*. La rue principale était limitée en bas (V. la figure) par la tente du général (*prætorium*), par celle du questeur (*quæstorium*), par le *forum* ou marché, par les tentes des troupes d'élite et des volontaires, par celles des tribuns et des généraux des alliés (*præfecti sociorum*). Le haut du camp se trouvait occupé par les différents corps de troupes. Un espace de 60 mètres était ménagé entre l'*agger* et les tentes pour faciliter les mouvements des soldats.

Les machines de guerre destinées à lancer des projectiles (*tormenta*) comprenaient différentes variétés, parmi lesquelles il faut distinguer : la *baliste*, la *catapulte*, le *scorpion*, l'*onagre*.

La *baliste* (*balista*, λιθοβόλον) servait à lancer des pierres pesantes.

Fig. 6. — Bélier.

La *catapulte* (*catapulta*, καταπέλτης) était employée pour lancer des dards et des traits pesants.

Le *Scorpion* (*scorpio*, σκορπίος) servait à jeter des pierres, des balles de plomb et des flèches.

L'*Onagre* (*onager*) était une machine à lancer des traits et des pierres d'un grand poids.

Lorsqu'on voulait pratiquer une brèche, on poussait contre la muraille un *bélier* (*aries*, κριός), grosse poutre se terminant par une masse de fer en forme de tête de bélier. D'abord porté par des hommes, le bélier fut ensuite fixé sur un châssis monté sur des roues, et recouvert d'un hangar de planches pour protéger les soldats. Ce hangar, qu'on employait aussi pour garantir les légionnaires qui creusaient les tranchées, s'appelait *testudo arietaria*.

On donnait le nom de *tolleno* à une poutre fichée en terre et sur laquelle une autre poutre était disposée de manière à faire bascule. Cette dernière se terminait d'un côté par une planche où se plaçaient des soldats, et, lorsqu'on pesait sur l'autre extrémité, les soldats se trouvaient lancés sur le rempart.

Pour se préserver des *béliers* et des *tortues*, les assiégés usaient de différents procédés. Tantôt ils amortissaient les coups du bélier en faisant glisser le long des murs des sacs de laine ; tantôt ils enlevaient le bélier avec des cordes ; tantôt enfin ils le saisissaient avec des *loups* ou pinces de fer armées de dents et l'arrachaient, en renversant le hangar qui le couvrait.

Pour la destruction des machines, ils lançaient sur elles des matières enflammées. Ils minaient aussi le sol et ruinaient ainsi les travaux des assiégeants.

Les Romains qui se destinaient à la guerre, qui n'avaient d'autre but que de conquérir le monde, étaient supérieurs aux Gaulois par l'ordre et la discipline de leurs armées. C'est sans doute un dieu, dit Végèce, qui leur inspira la légion. Et il est certain que la légion qui contenait dans son sein toutes les espèces de troupes était invincible, et devait triompher de nos ancêtres, braves et audacieux, mais indisciplinés et n'écoutant que leur courage.

Telle était l'organisation militaire de Rome, lorsque commença la conquête de la Gaule. Après six ans d'une lutte acharnée (58-52), César, toujours préoccupé des desseins ambitieux qui lui avaient fait entreprendre la guerre, laissa ses légions dispersées et repartit pour l'Italie. A la faveur des troubles qui ensanglantaient la République, les Gaulois crurent pouvoir tenter un dernier effort et sauver leur indépendance. Le jeune Arverne Vercingétorix, devenu l'âme d'un immense complot, reçut le commandement général des troupes, et il fut résolu qu'on irait attaquer la Province Romaine pour empêcher César de rejoindre ses légions. Tout d'abord, la fortune ne favorisa pas les confédérés, qui ne purent arrêter la marche de César au milieu des neiges, perdirent quelques villes et échouèrent dans un combat de cavalerie. Aussitôt, les Bituriges et leurs voisins incendient leurs villes, dans le but de priver l'ennemi de vivres et de fourrages. Seule, Avaricum (Bourges) fut épargnée, et César vint l'assiéger.

Avaricum, entourée de marais, défendue par l'Auron et l'Yèvre, était aussi protégée par des fortifications spéciales aux villes gauloises et que César décrit comme il suit : « Après avoir assujetti entre elles et recouvert de terre des poutres étendues sur le sol et séparées l'une de l'autre par des intervalles de deux pieds, on remplit lesdits intervalles de grosses pierres. A ce premier lit de pierres et de poutres on en ajoute un second entièrement semblable, en ayant soin de ne pas faire toucher les poutres. On continue cette juxtaposition de pierres et de poutres jusqu'à ce que la muraille soit suffisamment élevée. »

Le siège dura près d'un mois. La cavalerie gauloise, qui tenait la campagne, interceptait les convois, et les Romains manquèrent de blé pendant trois jours. Continuellement les Gaulois, passant par des galeries souterraines, allaient détruire les ouvrages de leurs ennemis, arrêtaient leurs tranchées, jetaient sur les travailleurs de la poix bouillante ou des pierres. Ils avaient construit de tout côté des tours recouvertes de cuir au moyen desquelles ils pouvaient voir tout ce que faisaient les assiégeants. Ce fut seulement au bout de vingt-cinq jours que les Romains parvinrent à élever une terrasse large de 330 pieds et haute de 80. César, qui surveillait les ouvrages, vit, une nuit, de la fumée sortir de la terrasse, et comprit que les assiégés y avaient mis le feu au moyen d'une mine. En même temps, les Gaulois firent une sortie par deux portes, pendant que du haut des murs des soldats lançaient sur la terrasse de la poix, des torches et d'autres matières combustibles. Après un combat qui se prolongea jusqu'au lever du jour, l'avantage resta au proconsul ; mais l'auteur des *Commentaires* reconnaît lui-même la bravoure de ses adversaires. Il raconte qu'un Gaulois, placé devant la porte de la ville pour jeter des boules de suif sur la terrasse et activer l'incendie, fut percé d'une flèche. Un second le remplaça, puis un troisième, et tout le temps que dura la bataille ce poste dangereux demeura occupé.

Vercingétorix fit ordonner aux gens d'Avaricum d'évacuer la ville. Mais les femmes poussèrent des cris de désespoir et supplièrent les soldats de ne pas les abandonner. La garnison pensa que les Romains avaient été mis en éveil et renonça à évacuer la place. Le lendemain, les sentinelles se retirèrent des murailles par suite du mauvais temps. César profita de cette circonstance pour tenter un assaut général. Les Romains victorieux chargèrent les Gaulois qui s'étaient réfugiés à l'extrémité de la ville. De 40 000 individus, présents au début du siège, 800 seulement, sortis d'Avaricum avant la mêlée, rejoignirent Vercingétorix.

César envoya aussitôt son lieutenant Labiénus contre les Sénons, les Parisiens et les Belges, et alla lui-même mettre le siège devant Gergovie, ville des Arvernes, dont les troupes de Vercingétorix couvraient les approches. Des escarmouches, des luttes meurtrières, un échec des Romains, signalent le commencement du siège que César dut lever devant l'arrivée imprévue de Vercingétorix. La défaite du proconsul, qui coûta aux Romains 700 légionnaires et 46 centurions, entraîna la défection des Edues, et, à l'exception des Rèmes, des Lingons et des Trévires, tous les peuples de la Gaule entrèrent dans la ligue nationale. Malheureusement, César put rallier les légions de Labiénus et vainquit l'armée gauloise, forte de 90 000 hommes, sur les bords de la Saône. Si l'on en croit le grammairien Servius, qui vivait au sixième siècle, un soldat fit César prisonnier. Il l'emportait déjà sur son cheval, lorsqu'un autre soldat, reconnaissant le Romain à son manteau de pourpre, s'écria : « Laisse César ! ». Sans cette circonstance, peut-être la Gaule était-elle sauvée.

Les vaincus se réfugièrent aussitôt dans une ville des Mandubiens, appelée *Alesia*, et qui serait Alise-Sainte-Reine (Côte-d'Or) suivant les uns, Alaise (Doubs) suivant les autres. Alesia, nous dit César, « était un *oppidum* situé au sommet d'une colline tellement élevée qu'un siège était nécessaire pour la prendre. Deux rivières coulaient à ses pieds de deux côtés différents. Une

Fig. 7. — César surveillant les travaux du siège d'Avaricum.

plaine longue de 300 pas environ s'étendait devant la ville, entourée sur tous les autres points par des collines de hauteur égale ; sous la muraille, la partie de la colline qui regardait le levant était complètement occupée par des troupes gauloises protégées par un fossé et un mur en pierres sèches, de six pieds de haut. Le circuit de la défense entreprise par les Romains était de 11.000 pas (16^{km}, 291). Le camp (*castra*) était dans une position avantageuse et défendu par vingt-trois redoutes palissadées (*castella*), où l'on plaçait des postes pour empêcher les attaques imprévues ; la nuit, on y mettait des sentinelles et de forts détachements. »

Pour la circonvallation, César fit creuser un fossé (*fossa*) de 20 pieds, et à 400 pas (592 m.) ; de là, il établit des défenses. Deux autres fossés de 15 pieds furent construits entre le premier et les travaux, et dans le fossé du milieu on fit venir les eaux des deux rivières. Derrière ces trois tranchées, on éleva un *agger*, avec un *vallum* (palissade) de 12 pieds de haut, garni d'une cuirasse (*lorica*) et de créneaux (*pinnæ*). Enfin, on planta entre l'agger et les créneaux des branches émondées semblables aux bois de cerf (*cervi grandes*). M. Desjardins nous apprend en outre que pour empêcher les sorties des Gaulois on creusa des *cippi*, c'est-à-dire des fossés qui « figuraient cinq rangs de zigzags joints entre eux par les angles, ce qui devait représenter des losanges. » Dans les fossés, on planta des branches d'arbre dont les extrémités, taillées en pointes aiguës, rendaient le passage impossible. En avant des *cippi*, on creusa 8 rangées de trous disposés en quinconces et ayant la forme de cônes renversés, et l'on planta dans ces trous des pieux ronds durcis au feu (*scrobes* ou *lilia*). Au devant des *scrobes* étaient des piquets d'un pied de long (*taleæ*), dans lesquels des hameçons de fer avaient été préalablement fichés. Ces piquets, plantés à des distances très rapprochées, portaient le nom de *stimuli*, lorsqu'ils avaient été garnis d'hameçons.

Les remarquables travaux de César devant Alésia, travaux dont nous ne pouvons donner qu'une idée imparfaite, furent entrepris avec tant de génie que le chef Gaulois, reconnu de nouveau comme généralissime à la récente assemblée de Bibracte (Autun), se sentit trop faible pour les arrêter. Pendant qu'il en était temps encore, il fit sortir de nuit toute sa cavalerie avec ordre de recruter et d'armer tous les hommes capables de supporter les fatigues de la guerre. A ceux qui restèrent dans la ville, il recommanda, sous peine de mort, la plus stricte obéissance à ses ordres; il leur donna une égale ration de blé et leur distribua le bétail fourni par les Mandubiens; puis il s'enferma dans la place, après avoir fait rentrer les soldats qui campaient hors des murs.

Un mois s'écoula. Déjà les légions et les auxiliaires germains avaient remporté un triomphe, déjà la famine sévissait d'une manière terrible, lorsqu'on vit apparaître une armée de secours forte de 248 000 hommes, dont 8000 cavaliers. Elle était commandée par l'Arverne Vergasillaunn, parent de Vercingétorix, par les Edues Virdumar et Eporedorigh, et par l'Atrébate Comm, et elle vint se placer à mille pas des travaux de César. Sans perdre un instant, les Romains commencèrent une lutte acharnée, qui dura depuis midi jusqu'au soir : d'abord indécise, la victoire resta aux assiégeants.

Fig. 8. — Travaux de César devant Alésia.

Pendant la nuit suivante, les troupes de secours, qui avaient déjà organisé la défense, tombèrent sur les ennemis, tandis que Vercingétorix opérait une sortie; mais on dut rentrer dans la ville en voyant les confédérés battre en retraite. Deux défaites successives

Fig. 9. — Ouvrages romains devant une ville assiégée.

n'abattirent pas le courage des Gaulois, et Vergasillaunn, à la tête de 60 000 hommes, prit possession d'une colline, proche du camp; puis il livra aux Romains une bataille générale. L'impétuosité et la bravoure de nos ancêtres ne purent triompher de troupes admirablement disciplinées et qui avaient vieilli sous leur chef. Vercingétorix eut beau sortir et pénétrer dans le camp de ses adversaires, il ne parvint pas à couvrir la retraite de l'armée extérieure, qui fut presque anéantie.

Voyant tout espoir perdu, l'Arverne rassembla les défenseurs d'Alésia. Il leur représenta l'inutilité d'une

Fig. 10. — Incendie d'une ville assiégée par les Romains.

plus longue résistance; il leur dit que l'heure de la défaite était arrivée, mais « que, puisqu'il fallait céder à la fortune, il s'offrait à eux pour qu'ils pussent apaiser les Romains, soit en le mettant à mort, soit en le livrant vivant. » Des députés allèrent trouver César, qui réclama les armes des vaincus et fit demander les chefs

Gaulois. Alors, Vercingétorix, magnanime jusqu'à la fin, revêtit sa plus riche armure, monta à cheval et arriva devant son vainqueur : sans dire un mot, il se jeta à genoux et déposa ses armes aux pieds du proconsul. Celui-ci ne tint aucun compte d'une pareille grandeur d'âme : il accabla de reproches un héros désormais incapable de lutter contre lui, et il le fit couvrir de chaînes. Six ans plus tard, l'homme qui avait tant fait pour sa patrie sortait de cachot, pour servir au triomphe du maître de la Gaule, et mourait lâchement assassiné dans sa prison.

Une dernière campagne fut nécessaire pour la soumission définitive de la Transalpine. Depuis, la civilisation romaine s'implanta en Gaule; les mœurs de Rome adoucirent peu à peu la rudesse du caractère gaulois; et c'est de la fusion de ces deux races, à travers les vicissitudes du moyen âge, qu'est sortie la France moderne.

XII

Le siège de Jérusalem par Titus.

(70.)

Vespasien, appelé à l'Empire au moment où il achevait la soumission de la Judée, confia à son fils Titus le soin de prendre Jérusalem. Cette ville, bâtie sur les collines de Sion (haute ville) et d'Acra (basse ville), était entourée d'une triple muraille flanquée de cent soixante-quatorze tours, dont les principales étaient celles d'Hippicos, de Phazaël et de Mariamne. Le temple de Salomon constituait aussi une véritable forteresse avec ses galeries, ses tours et ses murs épais.

Lorsque Titus commença le siège, Jérusalem était partagée en trois factions rivales, dont les chefs, Éléazar, Jean de Giscale et Simon, se faisaient une guerre acharnée. Les séditieux oublièrent un instant leurs haines, en présence des travaux entrepris par les Romains, et dans quelques sorties furieuses firent reculer les légionnaires. Aussi fallut-il quinze jours à Titus pour prendre la première muraille et le quartier de Bezetha (avril 70), cinq pour s'emparer de la seconde. Jean, à la tour Antonia qui couvrait le temple, et Simon dans la haute ville, opposèrent une résistance assez vive pour retarder de quelques jours les travaux des assiégeants.

Le fils de Vespasien, désireux de prendre la ville sans

répandre le sang des milliers d'hommes qui se trouvaient à Jérusalem à l'occasion des fêtes de Pâques, envoya aux assiégés leur compatriote Josèphe pour les engager à se soumettre. Le discours pathétique du messager fut accueilli par des huées et des flèches, et il n'y eut que quelques hommes du peuple qui se rendirent dans le camp ennemi, après avoir vendu tout ce qu'ils possédaient. Ces malheureux, craignant d'être dépouillés de leur or par les factieux qui gardaient les portes, se décidèrent à l'avaler. Des soldats romains, poussés par une cupidité révoltante, éventrèrent deux mille transfuges pour leur voler leur fortune. Titus voulut punir les coupables, mais ceux-ci se trouvèrent si nombreux qu'il dut renoncer à ce projet et se contenter de presser les opérations du siège. Il environna la place d'une muraille flanquée de treize tours et mesurant trente-neuf stades de circuit; de cette manière toute communication fut interrompue entre les assiégés et l'extérieur. Une affreuse famine désola Jérusalem et poussa les Juifs aux plus déplorables excès. Les séditieux pénétraient dans les maisons, torturaient tous ceux qu'ils y trouvaient ou les accablaient de coups. Les mères ravissaient à leurs enfants les rares aliments qu'ils mangeaient; on vendait ce qu'on avait de biens pour une mesure d'orge ou de froment. Quelques-uns sortaient de la ville pour aller cueillir des herbes : ils tombaient entre les mains des soldats, et Josèphe affirme qu'on en crucifia jusqu'à cinq cents par jour.

Pendant ce temps, les Romains s'emparèrent de la forteresse Antonia, de laquelle dépendait le salut du temple (5 thammuz : juin-juillet 70). Le 17 du même mois, les Juifs cessèrent toute cérémonie religieuse;

mais ils ne voulurent pas sortir de l'enceinte sacrée pour livrer bataille, comme le leur proposa Josèphe au nom de Titus. Le lendemain, à trois heures du matin, les Romains se précipitèrent sur les postes juifs : le combat, commencé dans l'obscurité, dura jusqu'à midi, mais ne produisit aucun résultat.

Les horreurs de la famine se faisaient de plus en plus sentir. Une femme de Péréc, qui était venue avec tous ses biens s'établir à Jérusalem, fut dépouillée par les séditieux. Elle arracha son enfant de son sein, le tua, le coupa en morceaux, en fit cuire la moitié, et cacha le reste. L'odeur attira les factieux, qui demandèrent à Marie d'où provenait la viande qu'elle mangeait :

« C'est la chair de mon enfant, répondit-elle, et c'est moi qui l'ai tué. Mangez-en hardiment, car j'en ai mangé. Je ne veux point que vous soyez plus délicats qu'une femme ni plus sensibles qu'une mère ! »

Le bruit de cette barbarie se répandit dans toute la ville et parvint jusqu'aux oreilles de Titus, qui résolut d'en finir sur-le-champ et convoqua son conseil (9 du mois d'Ab : juillet-août). La plupart des chefs opinèrent pour la destruction du temple, mais Titus leur représenta que ce serait un crime de détruire un si beau monument, et ils se rangèrent à l'avis du fils de Vespasien ; seulement, il fut arrêté qu'on allait donner immédiatement un assaut général.

Le 10 du mois d'Ab, les Juifs, après avoir fait un moment plier les Romains, furent à leur tour repoussés par Titus, et alors commença l'attaque définitive du temple, dont les galeries extérieures avaient été déjà brûlées. Les soldats avaient l'ordre de ne pas l'incendier, mais l'un d'eux fit exprès de lancer une poutre enflammée dans la partie du temple située au nord : le feu prit, Titus accourut en vain pour le faire éteindre. Quelques soldats, avides de butin, attisèrent les flammes, et alors périt le temple de Jérusalem, qui avait été construit par Salomon 1139 ans plus tôt et reconstruit depuis 639 ans. Les séditieux se réfugièrent dans les tours d'Hippicos, de Phazaël et de Mariamne, mais ils prirent la fuite en voyant qu'on allait les assiéger. La ville fut saccagée. Jean de Giscale, trouvé dans un égout, fut jeté en prison; Simon servit au triomphe du vainqueur et fut exécuté à Rome; Éléazar se tua pour ne pas tomber vivant entre les mains de ses ennemis.

Les Juifs se dispersèrent et commencèrent dès cette époque à se répandre dans le monde entier.

Il y avait près de six siècles et demi que Nabukudurussur (Nabuchodonosor) avait détruit le temple de Jérusalem.

XIII

Le siège de Rome par Alaric.

(410.)

Alaric, roi des Visigoths, qui s'était d'abord allié aux Romains pour arrêter l'invasion des Huns (394), était venu, à l'instigation du ministre Rufin, envahir à son tour l'empire d'Orient, à la mort de Théodose (395). Après avoir ravagé le pays au sud du Danube et menacé Constantinople, il avait été repoussé par Stilicon, et, se jetant sur l'empire d'Occident, il avait juré de prendre Rome. Honorius, fils de Théodose, se réfugia dans la ville d'Asti dès qu'il apprit cette nouvelle. Délivré des barbares par Stilicon, homme digne d'estime et loyal à une époque de corruption et de perfidie, il écouta les infâmes rapports, les odieuses calomnies de l'officier Olympius, et il fit mourir le seul ministre capable de retarder la chute de l'Empire.

Alaric se trouvait débarrassé de son ennemi le plus redoutable. Traversant les Alpes, il prit Aquilée, Crémone, passa le Pô et l'Apennin, et marcha sur Rome, dévastant tout sur son passage. Les écrivains contemporains, Sozomène et Socrate, racontent qu'un ermite, descendu des montagnes, vint au-devant du Visigoth et le supplia d'épargner la capitale du monde.

« Je marche malgré moi, répondit Alaric; chaque

jour quelqu'un me pousse, m'excite, me crie : « Va ravager la ville de Rome ! » Et il continua sa route. Arrivé devant cette capitale, « qui s'était vainement promis l'éternité », il campa dans une plaine située au nord et porta l'épouvante au cœur même du Sénat, qui ne croyait ni à tant d'audace ni à tant de bonheur. Pourtant, on organisa la défense. Des machines de guerre furent installées sur les remparts, le peuple reçut des armes ; mais l'étonnement de tous fut tel, qu'on soupçonna une trahison, et qu'on accusa Sérène, veuve de Stilicon. Jetée dans un cachot, étranglée par ordre du Sénat, cette femme mourut victime des superstitions populaires : elle avait autrefois froissé les vieilles croyances de Rome païenne, elle avait tourné en ridicule le culte de Vesta, et le peuple se souvint de ce qu'il considérait comme une impiété.

Sérène morte, la situation resta la même, ou plutôt devint pire. La famine se faisait sentir ; on venait de réduire à la moitié, puis au tiers, la ration de blé distribuée au peuple, qui se souleva, s'empara des maisons des riches, et tua le préfet Hilarius, dont le successeur fut un certain Pompéianus. Des maladies contagieuses infectèrent la ville. Lœta, veuve de l'empereur Gratien, transforma son palais en ambulance, et dépensa à soigner les malades la dotation que le fisc impérial lui avait assignée. On allait d'un moment à l'autre en être réduit aux dernières extrémités, lorsque des augures toscans vinrent trouver Pompéianus et lui proposèrent de *faire tomber le feu du ciel sur les Barbares*, à la condition qu'on leur laisserait la liberté d'accomplir certaines cérémonies publiques au Capitole, au Forum, sur les places, en présence du Sénat.

Le préfet consulta le pape Innocent sur la conduite qu'il devait tenir.

Il y avait dans le Sénat des amis et des ennemis de la religion chrétienne, et sans l'assentiment du pontife il n'était pas possible de faire assister les partisans du Christ à des solennités contraires de tout point à leurs croyances. Le pape répondit d'une manière évasive : il ne s'opposait pas à des cérémonies capables, aux yeux de quelques-uns, de sauver l'empire d'Occident, mais il ne consentirait jamais à reconnaître un caractère public à des superstitions qu'il regardait comme ridicules. On ignore si les Toscans furent autorisés à « jeter un sort » sur les Barbares ; Sozomène l'affirme, Zozime le nie absolument. Ce qu'il y a de sûr, c'est que *le feu du ciel* ne réduisit pas les envahisseurs en poussière, et qu'Alaric serra Rome de plus près. Bientôt, voyant qu'Honorius, réfugié à Ravenne, ne daignait pas même envoyer de secours à ses sujets abandonnés, les assiégés envoyèrent à Alaric deux messagers : Jean, ancien tribun des notaires, et connu du roi des Visigoths, si l'on en croit Zozime ; — Basile, Espagnol d'origine, et préfet de la ville quelques années auparavant. D'un ton calme et fier, ceux-ci exposèrent leur requête. Le Sénat, dirent-ils, voulait la paix sans doute, mais la ville était remplie de défenseurs décidés à se défendre jusqu'au bout.

« Tant mieux ! reprit Alaric, le foin se fauche plus facilement, lorsqu'il est abondant que lorsqu'il est rare. » Et il demanda, pour faire la paix, tout l'or et tout l'argent, tous les meubles et tous les esclaves étrangers qui se trouvaient dans Rome.

« Que nous laisseras-tu donc? dit un des députés.

— La vie ! »

Cette fois, le Sénat eut peur, et la ville éternelle vit bien qu'elle n'avait plus de conditions à imposer, mais des grâces à demander. Après de nouvelles conférences, Alaric leva le siège, moyennant :

> 5 000 livres pesant d'or,
> 30 000 livres pesant d'argent,
> 4 000 tuniques de soie,
> 3 000 toisons teintes de pourpre,
> 3 000 livres d'épices.

A ces conditions, il s'éloigna de Rome et marcha contre l'empereur, qui n'avait pas voulu ratifier le traité.

XIV

Le siège de Paris par les Normands.

(885.)

Bien que les premières incursions des Normands sur les côtes de France remontent à Karl le Grand, c'est seulement à la faveur des dissensions survenues entre les fils de Louis le Débonnaire que les « hommes du Nord » purent ravager nos villes et leur imposer des tributs.

Au milieu de ces invasions sans cesse renouvelées, Paris fut assiégé pour la première fois en 885, à la suite de l'assassinat du chef normand Godefrid, trahi par Charles le Gros et Henri, duc de Saxe. Cette perfidie indigna les Normands qui, sous la conduite de Sigefrid, arrivèrent au nombre de 40 000 jusqu'à Pontoise, où une flotte de 700 bateaux vint les rejoindre. Ils remontèrent la Seine et, arrivés devant Paris, ils demandèrent qu'on leur laissât le passage libre. Mais l'évêque Gozlin, abbé de Saint-Germain-des-Prés, répondit « qu'il ne pouvait livrer une capitale dont dépendait le sort du royaume. »

« Vous m'en refusez l'entrée? reprit Sigefrid, mon épée me frayera le chemin. Nous verrons si vos tours sont à l'épreuve de mes machines et de la vaillance de mes soldats; » et il se disposa à assiéger la ville, pendant que, de leur côté, les Parisiens se préparaient à la résistance. Eudes ou Odon, fils de Robert le Fort et comte de Paris, s'entoura d'hommes énergiques, tels que son frère Robert, aïeul de Hugues Capet, le comte Ragenaire, Hugues l'abbé, marquis d'Anjou, Hascherie, frère du comte de Meaux, et surtout le brave Gozlin et son neveu Ebles, qui se conduisirent pendant le siège comme de véritables soldats. De bonnes garnisons furent placées sur les tours des ponts, ainsi qu'au Grand-Châtelet; Eudes et Robert organisèrent la résistance, assignant à chacun son poste, distribuant les armes, animant les assiégés et leur donnant l'exemple du courage, puis on attendit.

Ce fut le 25 novembre 885 que Sigefrid et Rollon donnèrent le premier assaut. Les brûlots furent lancés contre les ponts et sur les maisons baignées par la Seine. Une tour roulante, haute de trois étages et portée sur un bateau, s'avança près de la tour du Grand-Pont, sur laquelle elle abaissa un pont-levis. Parisiens et Normands se ruant les uns sur les autres, combattant corps à corps, se disputèrent vaillamment la victoire; Gozlin fut blessé d'une flèche. A la fin les assiégeants durent se retirer. Pendant la nuit, les Parisiens réparèrent le dommage causé par les Normands à la tour du Grand-Pont, ce qui obligea Sigefrid à recommencer l'assaut le lendemain.

Ce barbare fit avancer des *vignes* (vineæ) ou galeries couvertes, dont le bois était garni de peaux d'animaux. Dès que les *vignes* touchèrent le pied de la muraille, les Parisiens lancèrent sur elles des solives pointues qui les défoncèrent, et pratiquèrent dans les galeries de larges ouvertures, par où ils purent lancer sur les ennemis de l'huile bouillante ou de la poix fondue. Les uns furent brûlés vifs ou se précipitèrent dans le fleuve, les autres prirent la fuite, malgré les vociférations de leurs femmes.

Sigefrid, voyant bien qu'il ne parviendrait pas à prendre la ville par surprise, transforma le siège en blocus, et pendant quelques jours, Eudes, Gozlin et Ebles, redoublant d'énergie, réorganisèrent la défense. Sigefrid, fatigué d'attendre et de fourrager dans les environs avec ses cavaliers, prit le parti d'attaquer la ville, pour la troisième fois. Il ordonna de fausses attaques dans différentes directions, mais ce fut contre la Grande-Tour qu'il concentra tous ses efforts ; il essaya d'y mettre le feu, espérant ainsi décourager les assiégés. Par bonheur pour ceux-ci, les flammes furent emportées par le vent sur les galeries, et les ouvrages des Normands y portèrent l'incendie et permirent aux Parisiens de faire une sortie, dont le résultat fut loin d'être à l'avantage des hommes du Nord.

Au mois de février, la Seine déborda par suite des grosses pluies. Comme le petit bras du fleuve avait été en partie comblé par les Normands, les eaux, gênées dans leur cours, renversèrent les piles du petit pont de bois qui joignait la cité à la rive gauche : de sorte que la tour du Petit-Châtelet, isolée de la ville, se trouva à la merci des Normands postés au bas de la montagne Sainte-Geneviève. Douze Parisiens étaient dans la tour : Ardrade, Eynard, Arnold, Ermenfride, Eriland, Hervé, Odoacre, Eriwig, Soliès, Gozbert, Guy, Goswin. Ces vaillants hommes accueillirent avec dédain ceux qui vinrent les sommer de se rendre. Irrités, les Normands apportèrent au pied de la tour du bois, de la paille et de la résine, y mirent le feu et obligèrent ainsi les « Douze », après un combat de quelques heures, à se réfugier sur la première arche du pont, la seule que le courant n'avait pas entraînée. Onze de ces braves guerriers périrent; le douzième, Hervé, fut fait prisonnier par Sigefrid, qui le prit pour un grand seigneur et crut pouvoir en tirer une rançon considérable. Mais Hervé ne voulait pas survivre à ses compagnons : brandissant son épée, il se rua sur ceux qui l'entouraient et mourut en combattant. N'est-ce pas là une des plus belles pages de l'histoire parisienne, et le pont Saint-Michel ne devrait-il pas s'appeler le « Pont-des-Douze? »

Le siège durait déjà depuis six mois. Les Parisiens, dans de nombreuses sorties, avaient bien fait subir à l'ennemi des pertes importantes, mais ils commençaient à souffrir de la faim et de la maladie; Gozlin et Hugues l'abbé venaient de mourir. Eudes, voyant l'empereur occupé à de misérables intrigues au lieu de chercher à délivrer Paris, partit en secret pour Metz. A son retour, il apprend aux assiégés que Charles le Gros lui a promis des secours, et, effectivement, on voit bientôt arriver le duc Henri de Bavière avec une armée impériale. On fait sans attendre une sortie, à la faveur de laquelle les auxiliaires entrent dans la ville avec des munitions et des vivres.

Sigefrid, perdant courage, demande à traiter, et le comte de Paris lui accorde une entrevue. Les deux chefs se rendent sans escorte à un endroit désigné, également distant des avant-postes parisiens et normands. Mais pendant l'entretien Eudes croit que son rival l'a attiré dans un piège, et il ne termine pas les négociations. Toutefois, Sigefrid fit la paix avec l'abbé de Saint-Germain, et, moyennant un lourd tribut, il se retira avec une partie de ses troupes du côté de la Lorraine.

Son départ n'empêcha pas le siège de continuer. D'autres chefs normands, trouvant sans doute avantageux de ravager les environs de Paris, refusèrent de cesser le blocus. Henri de Bavière reparut avec une nouvelle armée et réussit à traverser les bandes ennemies. Au moment d'arriver à la tour du Grand-Pont, son cheval disparut dans une fosse, dissimulée sous des branches et des feuilles; il tomba sous les coups des Normands, qui profitèrent de l'impression produite par sa mort sur les Parisiens pour entreprendre un nouvel assaut. Cette fois, ils placèrent leurs échelles le long de la muraille, et déjà quelques-uns d'entre eux étaient sur la plate-forme, lorsque Gerbold et cinq autres assiégés repoussèrent les envahisseurs et renversèrent les échelles. Les Normands furieux voulurent incendier la tour, mais, avant qu'ils eussent exécuté leur projet, les Parisiens sortirent et taillèrent en pièces les troupes ennemies qui perdirent deux de leurs chefs.

C'est à ce moment que Charles le Gros, informé de la mort du duc de Bavière, arriva sur les hauteurs de Montmartre (*mons Martyrum*); mais, au lieu de profiter d'une position aussi avantageuse, ce roi faible et pusillanime traita avec les barbares; il leur donna une forte somme d'argent et leur permit d'occuper la Bourgogne et la Champagne jusqu'à ce que ladite somme fût entièrement payée. Les Parisiens indignés poursuivirent les Normands dans leur retraite, et un an plus tard Eudes, rejoignant ces barbares, les écrasa non loin des défilés de l'Argonne, dans les bois de Montfaucon. Charles le Gros, solennellement déposé à Tribur, mourut dans un couvent le 12 janvier 888. Les évêques et les grands l'avaient déclaré indigne de porter une épée.

XV

LES CROISADES.

Sièges de Nicée (1097), d'Antioche (1097-98), de Jérusalem (1099), de Ptolémaïs (1191).

Les croisades contribuèrent beaucoup au perfectionnement de l'art des sièges. Investir les places tant bien que mal, choisir le point faible des murailles pour y pratiquer une brèche, voilà le système très simple qu'on employait au début de l'époque féodale pour se rendre maître d'une ville fortifiée. Le morcellement du territoire et les escarmouches généralement insignifiantes qui en résultèrent étaient un obstacle à l'existence des sièges en règle, lesquels nécessitent de grandes armées, un nombre considérable de soldats. La lutte de l'Occident chrétien contre l'Orient musulman mit sur pied des milliers d'hommes, et les immenses travaux des légions romaines furent repris par les croisés. Des Byzantins, des Génois, des Pisans, prirent la direction des ouvrages, et nous voyons reparaître pendant les croisades les camps retranchés, la circonvallation, les tours, les galeries couvertes, etc. Les progrès accomplis à ce moment furent si considérables que la poliorcétique ne reçut aucune modification sensible jusqu'à l'époque où l'artillerie apparut dans les sièges pour la première fois.

La querelle des investitures avait empêché Grégoire VII d'entreprendre les croisades. En 1094, Pierre l'Ermite, revenant de Palestine, communiqua au pape son enthousiasme, et Urbain II, au concile de Clermont, décréta la guerre contre les musulmans, maîtres des lieux saints. Une première armée, dirigée par Pierre l'Ermite et Gauthier sans Avoir, fut presque entièrement anéantie; une seconde, composée surtout de chevaliers, rejoignit en 1097 Pierre l'Ermite et ses rares compagnons. Elle avait pour chefs Hugues de Vermandois, Étienne de Blois, Robert de Flandre, Raymond de Toulouse, Bohémond de Tarente, Eustache et Baudoin de Boulogne, tous deux frères de Godefroy de Bouillon, qui descendait de Charlemagne par sa grand'mère, Mahaut de Louvain. La première ville que trouvèrent les croisés fut Nicée, capitale de la Bithynie, dont le siège fut immédiatement entrepris.

Les Turcs Seldjoukides avaient alors pour chef le fils de Soliman, David, surnommé Kilidj-Arslan (épée du lion), homme d'un grand génie et d'une bravoure exceptionnelle. A l'approche des croisés, il avait fait un appel suprême aux défenseurs de l'islamisme et mis garnison dans Nicée, que protégeaient de hautes montagnes, le lac Ascanius, des fossés remplis d'eau, et des murailles élevées, garnies de tours. L'armée chrétienne établit son camp à peu de distance de la ville : chaque corps de nation eut son quartier séparé. Des tentes magnifiquement décorées servaient d'églises, et on ne s'occupa des travaux du siège qu'après avoir assisté à des cérémonies religieuses. Pour les retranchements, on employa les ossements des premiers croisés, restés sans sépulture aux alentours de Nicée. On se mit à l'œuvre avec une ardeur incroyable, et les Turcs campés sur les montagnes voisines furent effrayés de l'audace de tous ces guerriers armés de lances, d'arbalètes, d'épées, de poignards, de frondes et de massues.

Dans les premiers jours du siège, plusieurs assauts n'eurent aucun résultat. Le courage des Turcs était soutenu par les lettres de Kilidj-Arslan, qui leur représentait l'armée des Franks comme faible, désordonnée et sans expérience des choses de la guerre. Bientôt les musulmans, descendant des montagnes, se précipitèrent sur les quartiers de Godefroy et de Raymond de Toulouse. L'historien arménien, Matthieu d'Edesse, raconte ainsi le combat qui eut lieu : « L'action s'engagea, terrible des deux côtés ; les deux armées se précipitèrent avec rage l'une contre l'autre et se heurtèrent comme des bêtes féroces. Au milieu des éclairs que lançaient les casques reluisants, du craquement des cuirasses brisées et de la vibration des arcs, les infidèles resserrèrent leurs rangs avec une nouvelle ardeur. Les clameurs des combattants ébranlaient la terre, et le sifflement des flèches faisait tressaillir les chevaux. Les plus braves, les héros, se prenaient corps à corps, et, pareils à de jeunes lions, se frappaient à coups redoublés. Cette première journée fut grande et solennelle, car le sultan avait sous ses ordres 600 000 combattants. Mais les Franks triomphèrent, mirent leurs ennemis en déroute et les exterminèrent sans miséricorde sur tous les points. La plaine fut jonchée de cadavres, le butin immense, et les captifs se comptaient par milliers. Les dépouilles, en or et argent, dépassaient toute évaluation. »

Au bout de trois jours, le sultan réunit des forces considérables et recommença l'attaque. La bataille fut plus terrible encore que la précédente. Les infidèles hurlaient, lançaient des flèches, faisaient semblant de fuir et revenaient sur les Franks avec une plus grande impétuosité. Le combat dura jusqu'à la nuit; 2000 chrétiens périrent, mais 4000 musulmans restèrent sur le terrain. On envoya à l'empereur Alexis les têtes de 1000 Sarrasins, et à l'aide de machines on lança le reste dans la ville.

Les croisés profitèrent de leur victoire et de l'éloignement momentané de Kilidj pour activer les travaux du siège. Mais les musulmans se défendirent énergiquement. Parfois ils jetaient sur les travailleurs des corbeaux ou mains de fer, les enlevaient ainsi sur les remparts, les pendaient aux créneaux des tours et rejetaient les cadavres dans le camp des chrétiens. Guillaume de Tyr parle d'un géant qui lançait des quartiers de roche en guise de flèches et qui brava, du haut d'une tour, les efforts combinés des Franks. Loin de l'abattre, les traits, fichés dans son corps comme des épingles dans une pelote, ne faisaient qu'exciter sa colère. Seul Godefroy parvint à le tuer, et ce succès fut pompeusement célébré par les assiégeants.

Cette anecdote, qui nous a tout l'air d'une fable ou d'une légende, n'eut aucun résultat pour la prise de Nicée. Les Sarrasins, qui recevaient des vivres par le lac Ascanius, dont ils étaient maîtres, se sentaient forts, et les choses menaçaient de traîner en longueur, lorsque les croisés eurent l'idée de transporter par terre dans le lac des navires fournis par les Grecs. La ville se trouva donc bloquée de toute part. La femme du sultan, qui avait essayé de fuir, tomba aux mains des chrétiens, et une tour, dont Raymond avait miné les fondements, s'écroula avec un fracas épouvantable. Au moment où les Turcs découragés allaient peut-être se rendre, un officier de l'empereur Alexis, nommé Butumite, pénétra dans la ville et engagea les assiégés à arborer sur les remparts l'étendard grec. Ce conseil fut écouté et les croisés, après sept semaines de fatigue, durent abandonner Nicée, désormais sous la protection de l'empereur (20 juin 1097). Indignés, ils s'enfoncèrent dans l'Asie Mineure, taillèrent en pièces Kilidj-Arslan à Dorylée ; mais, arrivés dans la *Phrygie brûlante*, ils eurent beaucoup à souffrir de la faim et de la chaleur. Des dissensions mettaient le désordre dans l'armée ; Baudoin, frère de Godefroy, et Bohémond, se disputaient Tarse, et ce fut dans un état misérable que l'on arriva devant Antioche, le 18 octobre 1097.

Antioche, située dans un pays gai et fertile, était entourée de trois montagnes et baignée à l'ouest par l'Oronte. Son territoire constituait le domaine du khan turc Akhy Syan. Le camp des croisés se déploya sous ses murs, et les bataillons chrétiens couvrirent l'immense plaine qu'elle domine. A la nouvelle du siège, les chefs musulmans du voisinage accoururent à marches forcées au secours de la ville. Mais Bohémond et Saint-Gilles s'élancent à la tête de 10 000 hommes dans la province, battent les Sarrasins et les mettent en fuite après un affreux carnage. Soukman, roi de Khelath, ville voisine du lac de Van, et Dhakir-eddin, seigneur de Damas, rassemblèrent les troupes turques de Mossoul et de toute la Babylonie pour venir se mesurer avec les Franks. Godefroy leur livra sur les confins d'Alep une bataille dans laquelle il faillit périr, mais qui se termina à l'avantage des chrétiens.

Les Franks étaient tellement nombreux qu'une épizootie se déclara en même temps qu'une famine des plus rigoureuses. La plèbe en vint jusqu'au point de se repaître des cadavres des infidèles. Et s'ils rencontraient le corps d'un Sarrasin fraîchement tué, ils le dévoraient avidement, comme s'il se fût agi de la chair d'un animal » (Malmesbury, dans Saville, *Rerum anglicarum scriptores*). On trouve aussi dans la Chanson d'Antioche (ch. v) :

> Richement se conroie li rois et ses barnés,
> Des Turs que ils rotissent est grans li flavis montés :
> Par la cit d'Antioche en est li cris levés,
> Qui li François menjuent les Turs qu'ils ont tués.

Malgré les vivres fournis aux assiégeants par les chefs arméniens du Taurus et les moines de la montagne Noire, une épidémie ne tarda pas à se faire sentir ; sur sept hommes, dit un chroniqueur, il en mourait un. On perdait courage. Guillaume de Melun, las des privations qu'il endurait, et Pierre l'Ermite, se croyant abandonnés de Dieu, se désespérèrent et prirent la fuite. Ils furent rejoints par Tancrède, qui les ramena et fit jurer à Pierre, sur l'Évangile, de ne pas abandonner ceux qu'il avait lui-même entraînés en Orient. Dans ces circonstances critiques, Bohémond déclara que, si on voulait consentir à lui donner la principauté d'Antioche, il se faisait fort d'introduire les troupes dans la ville. Après bien des hésitations, tous, à l'exception de Raymond de Toulouse, finirent par se rendre à cet ambitieux désir. Bohémond avoua alors à ses compagnons qu'il avait des intelligences avec un habitant d'Antioche, l'Arménien P'irous, fils d'un fabricant de cuirasses, musulman de religion, mais « chrétien de cœur ». P'irous livra en effet à Bohémond la tour dont il avait la garde, à la condition que ses biens paternels lui seraient conservés. Le matin, les Franks, qui avaient pénétré dans la ville, firent retentir leurs trompettes et massacrèrent les musulmans. Le khan Akhy-Syan parvint à s'échapper, mais il fut tué dans sa fuite par des paysans qui lui coupèrent la tête avec une faux. Les mosquées furent converties en églises, des réjouissances eurent lieu pendant quelques jours, et l'étendard rouge de Bohémond flotta sur la plus haute tour des murailles.

Cependant l'élite de la garnison s'était réfugiée dans la citadelle d'Antioche. D'autre part, l'armée de Kerboga, émir de Mossoul au service des sultans seldjoukides de Perse, vint se présenter devant l'armée Franke, suivi des sultans de Damas, d'Alep, de Nicée, et de vingt-huit émirs. Trois jours après la prise d'Antioche, elle arriva sur les bords de l'Oronte, et une avant-garde de 300 cavaliers s'avança pour reconnaître la place. Bientôt les chrétiens, qui assiégaient la citadelle, furent à leur tour assiégés par les Sarrasins. Beaucoup fuyaient loin de la ville, tombaient aux mains des musulmans et reniaient, pour manger, la religion de Jésus. Le comte de Flandre mendiait dans les rues. On n'entendait que des cris de douleur, et Bohémond dut incendier plusieurs quartiers pour faire sortir les soldats de leurs demeures. Kerboga, à qui les Franks avaient demandé la vie sauve et l'autorisation de retourner en Europe, repoussa cette proposition, et la consternation devint générale.

C'est à ce moment que Barthélemi, prêtre du diocèse de Marseille, raconta que saint Pierre lui était apparu et lui avait dit : « Dans l'église, sur la gauche, est déposée la lance avec laquelle le Christ eut son côté immaculé percé par la nation athée des Juifs. Elle se trouve devant l'autel ; allez l'en retirer, et, armés de ce signe sacré, marchez au combat. Par lui, vous triompherez des infidèles, comme le Christ de Satan. » Les chefs, Raymond surtout, feignirent de croire à ce miracle. Douze croisés se rendirent au lieu indiqué, dès le matin du troisième jour, et trouvèrent la lance à douze pieds de profondeur. Un enthousiasme inouï s'empara de ces moribonds, et un messager Sarrasin étant venu à cet instant provoquer les Franks au combat, Bohémond fit répondre à l'émir de Mossoul qu'il acceptait son défi pour le lendemain. L'armée fut divisée en douze corps, en mémoire des douze apôtres, et le 28 juin, elle s'avança précédée de Saint-Gilles, qui portait la lance comme un étendard sacré. Le clergé marchait en procession, chantant des psaumes ; dans la ville, les femmes et les blessés priaient sur les remparts et les cris : « Dieu le veut ! Dieu le veut ! » retentissaient dans la plaine.

Kerboga, qui croyait voir venir à lui des suppliants, fut bien étonné de voir le comte de Vermandois tailler en pièces 2000 hommes préposés à la garde du pont d'Antioche. Il se prépara à la lutte en apercevant les troupes frankes se ranger en bataille. L'aile gauche était commandée par Tancrède, l'aile droite par Robert, comte de Normandie, le centre par Godefroy et

Bohémond. Les Sarrasins donnent l'attaque et font une décharge de flèches en poussant des cris sauvages ; ils sont repoussés, mais le sultan de Nicée tombe sur les derrières de l'armée chrétienne, et Kerboga fait mettre le feu à des étoupes pour effrayer ses ennemis. Dans leur exaltation, les Franks croient voir un escadron précédé de trois cavaliers vêtus de blanc venir à leur secours : ils s'écrient que le ciel les protège et leur envoie des défenseurs, ils entonnent des cantiques, et fondent sur les infidèles. Kerboga prend la fuite, laissant aux chrétiens 15 000 chameaux, des chevaux, des pierreries et de l'or. Plusieurs musulmans furent tellement étonnés de cette victoire remportée par des hommes exténués sur des troupes fraîches et nombreuses, qu'ils se convertirent au christianisme. Ceux qui étaient dans la citadelle se rendirent à Raymond le jour même, et 300 d'entre eux abjurèrent le Coran.

Les Croisés ne surent pas mettre à profit un succès si remarquable. Au lieu de poursuivre leur marche, ils restèrent six mois à Antioche, où la peste les décima. Lorsqu'ils sortirent de cette ville, ils étaient à peine 50 000. Ils longèrent le rivage de la Méditerranée et passèrent à travers les vallées du Liban, où ils purent un peu réparer leurs forces. Le 10 juin 1099, ils arrivaient sur les hauteurs d'Emmaüs et Jérusalem, la ville sainte, apparaissait à leurs regards. Les cris « Jérusalem ! » et « Dieu le veut ! » retentissent sur les montagnes de Sion et des Oliviers. Les cavaliers descendent à terre, marchent pieds nus, et embrassent la terre sur laquelle Jésus porta ses pas. Pendant ce temps, Iftikhar-Eddaulah, lieutenant du khalife, approvisionne la ville, ravage et incendie les villages ou les plaines voisines, fait empoisonner l'eau des citernes. Il envoie quelques détachements en observation, mais Baudoin du Bourg et Tancrède les repoussent et rejoignent le gros de l'armée qui descendait, en chantant un psaume, des hauteurs d'Emmaüs.

Dès le lendemain, les croisés commencèrent les travaux du siège. La vue des lieux saints les transportait de joie, et ils étaient poussés à prendre la ville par les chrétiens qui sortaient de Jérusalem, chassés de leurs maisons par les Sarrasins. Un solitaire du mont des Oliviers, se disant l'interprète de Jésus, enflamma tellement leur courage par ses discours, qu'ils tentèrent un assaut sans avoir à leur disposition la moindre machine de guerre. Au premier signal, on s'avance vers les remparts qu'on frappe à coups de piques ou de marteaux, on lance des flèches, on brave la poix et l'huile que jettent les assiégés. L'avant-mur s'écroule. La seule échelle que l'on possède est fixée à la muraille intérieure, et chacun se précipite pour y monter le premier. Le jour suivant, on se met à la recherche des matériaux nécessaires à la construction des ouvrages : on transporte sous les murs de Jérusalem des poutres découvertes par hasard au fond d'une caverne ; on démolit les maisons et les églises que les infidèles n'ont pas brûlées. Malheureusement un ennemi plus terrible que les Sarrasins exerçait sur les croisés les plus tristes ravages : c'était la chaleur, parvenue à son plus haut point et qui avait tari les sources et les torrents du voisinage. La soif fit presque oublier la faim. On se querellait pour une goutte d'eau croupissante, lorsqu'on rencontrait une flaque ; on creusait le sol pour porter à ses lèvres une motte de terre fraîche ou humide. Beaucoup se sauvaient dans les ports de Syrie ou de Palestine et retournaient en Europe. Une flotte génoise, arrivée à Joppé, fut surprise par les infidèles, mais on eut le bonheur de sauver quelques munitions et quelques instruments pour construire des machines. Une forêt, découverte entre les vallées de Sichem et de Samarie, fournit des matériaux, et l'on posséda bientôt trois hautes tours à triple étage, des galeries couvertes, des catapultes, des béliers, des claies, des fascines. Gaston de Béarn dirigeait les travaux, et les soldats commencèrent bientôt à saper le pied des murailles.

Les prêtres parcouraient le camp, exhortant chacun à la patience et au courage. Le solitaire du mont des Oliviers conseilla aux croisés, avant de donner l'assaut, de faire une procession solennelle. On l'écouta. On jeûna durant trois jours, après quoi on fit le tour de la ville : les guerriers marchaient pieds nus, la tête découverte, chantant des psaumes ; ils étaient précédés des prêtres, qui portaient les images des saints. Arrivés sur le mont des Oliviers, d'où ils dominaient les plaines de Jéricho, les rives du Jourdain et de la mer Morte, Jérusalem en ruines, ils se sentirent plus que jamais pénétrés de la grandeur de leur mission. Arnoul, chapelain du duc de Normandie, leur adressa un discours ému et les engagea à la concorde. Ceux qui s'étaient brouillés se réconcilièrent et s'embrassèrent ; puis, on redescendit au camp en jurant la ruine des infidèles qui, du haut des murailles, outrageaient des croix qu'ils élevaient en l'air. La nuit se passa en prières, et les chefs décidèrent qu'on donnerait l'assaut dans trois jours.

Le 14 juillet 1099, au lever de l'aurore, les clairons sonnent, les croisés courent aux armes, les machines sont en mouvement, les galeries couvertes s'avancent, les échelles sont disposées le long des murailles. Les assiégés sortent par une brèche faite à leurs remparts, et cherchent à incendier les machines. Le combat dure

Fig. 11. — On commença à saper au pied des murailles.

jusqu'au soir. Les trois tours tombent en ruine, et après douze heures de lutte chrétiens et musulmans passent la nuit à réparer leurs pertes et les dégâts. Le lendemain, pendant que le clergé fait une procession autour de la ville, les croisés recommencent l'attaque. Une mêlée affreuse a lieu, et l'on rivalise d'ardeur de part et d'autre. A la fin les machines sont en feu ; les musulmans activent l'incendie avec une substance enflammée que le vinaigre seul a la propriété

Fig. 1. — Godefroy fit abaisser sur le rempart le pont-levis dont la tour était munie.

d'éteindre; on commence à perdre courage. Tout à coup, un cavalier, agitant un bouclier, apparaît sur le mont des Oliviers; Godefroy et Raymond s'écrient que

Fig. 13. — Les croisés entrent dans la ville par la porte Saint-Étienne.

saint Georges vient à leur aide, et le combat continue plus terrible que jamais. Au milieu d'une grêle de pierres, la tour de Godefroy s'avance près des murs : ce vaillant homme fait abaisser sur le rempart le pont-levis dont la tour était munie, et il se précipite dans la ville avec quelques soldats. Il est bientôt suivi de Tancrède, et tous deux vont ouvrir à leurs frères la porte de Saint-Étienne, qu'ils démolissent à coups de hache (15 juillet 1099).

Les croisés, fatigués de souffrir tant de misères, ne surent pas se contenir, et se livrèrent aux plus déplorables excès. Ils se ruèrent sur les Sarrasins comme un tigre sur sa proie, les massacrèrent et les poursuivirent jusque dans la mosquée d'Omar, où le sang des soldats, des enfants et des femmes, s'élevait, si l'on en croit Foulcher de Chartres, jusqu'aux genoux et aux freins des chevaux.

Ces scènes barbares, interrompues quelques jours, reprirent de plus belle, et tous ceux qui étaient encore dans la ville, qu'ils fussent musulmans ou juifs, furent victimes de la colère des chrétiens. Guillaume de Tyr et Foulcher de Chartres portent à 10 000 le nombre des Sarrasins massacrés dans le temple. Aboulfaradj (*Chron. Syr.*) et Aboulféda affirment que ce nombre fut de 70 000.

Lorsque les rues furent débarrassées des monceaux de cadavres qui les couvraient, la conquête fut organisée. Godefroy, proclamé roi, ne prit que le titre d'*avoué du Saint-Sépulcre*. Un royaume féodal se trouva constitué et soumis à un code de lois que l'on appelle les *Assises de Jérusalem*. D'autres seigneuries furent fondées dans les autres villes dont on s'était rendu maître. Antioche, par exemple, eut son organisation et ses *assises*. Remarquons en passant que les *Assises d'Antioche*, document d'une grande utilité pour l'histoire de la féodalité et des croisades, ont été conservées en langue arménienne et publiées tout récemment pour la première fois par L. Alishan, Mékhitariste de Venise.

Les sièges de Nicée, d'Antioche et de Jérusalem, sont les plus célèbres des Croisades. Nous ne pouvons nous occuper ici des sièges secondaires, tels que celui de Damas par Louis VII : outre qu'ils présentent un intérêt nécessairement restreint, nous ne devons pas leur sacrifier des événements plus considérables. Toutefois, nous ne laisserons pas les Croisades sans parler du siège de Ptolémaïs ou Saint-Jean-d'Acre, en 1191.

On sait que Jérusalem était retombée aux mains des infidèles en 1187. L'archevêque Guillaume de Tyr prêcha une nouvelle expédition, qui fut dirigée par Frédéric Barberousse, empereur d'Allemagne, le roi de France, et Richard Cœur de Lion. L'empereur étant mort dès le début de la croisade, Richard et Philippe la continuèrent seuls. Philippe arriva le premier devant Ptolémaïs (Saint-Jean-d'Acre), qui appartenait à Saladin depuis la bataille de Tibériade et que Guy de Lusignan assiégeait avec les débris de l'armée allemande. Au commencement du siège, le roi de Jérusalem n'avait que 9 000 hommes, mais l'appel des croisés fut entendu dans toute l'Europe, et il y avait devant Ptolémaïs 80 000 soldats, avant même que les trois chefs, alliés contre l'islamisme, eussent fini leurs préparatifs. De son côté, Saladin, rassemblant ses troupes à Damas, traversa l'Anti-Liban et les monts de Galilée, et vint se placer près de la ville, entre la *mahumeria* (*colline de la mosquée*) et la rivière Bélus.

Les croisés, sans perdre un instant, creusent des fossés, élèvent des tours, préparent leurs machines. Dans un combat qu'ils livrèrent à Saladin, l'infidèle pénétra dans la place, où il laissa l'élite de sa garnison et les braves émirs Karacousch et Melchous, avant de revenir dans son camp. Mais une flotte chargée de chrétiens allemands, et une seconde portant des Danois et des Frisons, arrivèrent à ce moment en rade de Ptolémaïs, et d'autre part, Conrad, marquis de Tyr, fournit des renforts à l'armée assiégeante. Une bataille fut immédiatement décidée. L'aspect des troupes était si redoutable qu'un chevalier s'écria : « La victoire est à nous, si Dieu reste neutre ! ». Saladin disposa ses bataillons de manière à enfermer les chrétiens entre le Bélus et la mer pour leur couper la retraite, dans le cas où il serait victorieux. Au premier choc, l'aile droite des musulmans, commandée par Tekki-eddin-Omar, fut enfoncée, et les croisés montèrent sur la mahumeria, où ils plantèrent les étendards chrétiens. Mais, pendant que les assiégeants courent au pillage, Saladin rallie les fuyards, fond sur l'armée chrétienne qu'il disperse, et soutient le choc jusqu'au soir. Le lendemain, effrayé de ses pertes et de l'approche de l'hiver, il se retira sur la montagne de Karouba. Il ne revint qu'au printemps suivant, accompagné des princes musulmans de Syrie et de Mésopotamie.

Son absence permit aux Européens de creuser des fossés, de construire des machines et de hâter les travaux du siège. L'archevêque de Ravenne et l'évêque de

Pise campèrent au nord de la ville ; les Génois occupèrent la colline actuellement appelée *Musard*; les Français et les Anglais se placèrent au centre, à côté des Flamands que commandaient l'évêque de Cambrai et Raymond II, vicomte de Turenne ; enfin Guy de Lusignan eut ses tentes sur la colline de Turon, quartier général de l'armée. De cette manière, la ligne des ondulations qui entourent Ptolémaïs se trouva occupée.

Las de se battre continuellement pour n'obtenir aucun résultat sensible, les chrétiens se présentèrent aux Sarrasins, bien résolus à en finir avec Saladin qui les empêchait de pousser vigoureusement les derniers travaux. Ils repoussèrent bien l'armée musulmane, mais cette fois encore ils volèrent au pillage et donnèrent à leurs ennemis le temps de se rallier et de les tailler en pièces. Sur ces entrefaites, Henri, comte de Champagne, arriva avec une nombreuse escorte. Il précédait Frédéric de Souabe, qui parut bientôt accompagné de 5000 croisés, et qui voulut signaler son arrivée par un combat contre les adversaires du Christ : on se défendit vaillamment de part et d'autre jusqu'au soir, mais personne n'eut l'avantage ; et cependant, la famine se faisait sentir dans le camp des chrétiens : après s'être nourri de chevaux, on mangeait maintenant les cuirs, les harnais, les vieilles peaux. Pour comble de malheur, la plaine était inondée, et l'odeur pestilentielle qu'exhalaient les cadavres restés sans sépulture engendra des maladies contagieuses. Frédéric de Souabe mourut ainsi que Sibylle, femme de Guy de Lusignan, et ses deux fils. Aussitôt Honfroi de Thoron, mari d'Isabelle, sœur de Sibylle, revendiqua ses droits au trône de Jérusalem, et Conrad de Tyr, par une étrange ambition, résolut tout à coup de demander une couronne qui n'existait plus que de nom. Il fit casser par le conseil des évêques le mariage de Honfroi, qui renonça à ses prétentions, épousa Isabelle, et devint ainsi le rival de Guy de Lusignan, lequel était très disposé à faire valoir ses titres malgré la mort de sa femme. Les croisés, témoins de ces querelles, prirent parti les uns pour Conrad, les autres pour Guy; ils en vinrent bientôt à se détester, à se haïr, et leurs folles disputes permirent aux assiégés de se fortifier et de réparer leurs pertes. Les évêques intervinrent; ils rappelèrent aux chrétiens leur véritable mission, et décidèrent les adversaires à soumettre le différend au jugement de Philippe et de Richard.

Philippe, comme nous l'avons dit, arriva le premier devant Ptolémaïs (8 juin 1191). Il fut bientôt rejoint par Richard, qui venait d'épouser Bérengère de Navarre. Le roi de France se déclara pour Conrad, le roi d'Angleterre pour Guy de Lusignan. La discorde augmenta; les partisans de Richard déposaient leurs armes toutes les fois que Philippe dirigeait une attaque, et les musulmans n'eurent plus à combattre que la moitié des chrétiens au lieu d'avoir à soutenir le choc irrésistible de deux armées. Au milieu de ces rivalités, les chefs de la croisade tombèrent malades; tous deux reçurent de Saladin des rafraîchissements. Ce fait montre que la guerre entre chrétiens et musulmans était moins impitoyable qu'à l'époque de la première croisade; on n'avait plus l'un pour l'autre cette haine fanatique des anciens jours. Dans l'intervalle des combats on joutait ensemble; « les troubadours et les jongleurs mêlaient leurs *cançons* aux *gazzels* des lauréats du Kaire, la métropole des lettres orientales ».

Pour faire cesser des discussions qui n'avaient d'autre résultat que de retarder l'issue du siège, on s'arrêta à un moyen terme; on décida que Guy jouirait de son titre jusqu'à sa mort, et que Conrad hériterait alors de la couronne. Puis on résolut d'oublier toutes ces haines si contraires à l'esprit de la religion chrétienne, et de n'avoir désormais qu'un but : la ruine des Sarrasins. Des assauts continuels furent donc tentés; mais ils échouèrent tous, parce que Saladin profitait du moment où les croisés attaquaient la garnison pour se jeter sur le camp chrétien. Philippe, fatigué d'attendre et jaloux de Richard, dont la fougue contrastait si fort avec son caractère indolent, ne voulut pas attendre la fin du siège. Quelques jours avant son départ, qui eut lieu le 31 juillet, la garnison consentit à se rendre, si on garantissait la vie sauve aux assiégés, mais Philippe rejeta cette condition et demanda toutes les villes tombées au pouvoir des infidèles depuis la bataille de Tibériade.

Le désespoir donna des forces aux assiégés. Le chevalier de Bonaguisi prit bien un étendard musulman, Albéric Clément parvint à escalader les remparts, mais l'assaut fut repoussé. Bientôt la garnison, en proie à la plus horrible famine, désespérant d'être secourue, ouvrit ses portes aux croisés. Il fut stipulé que les assiégés demeureraient comme otages pendant quarante jours entre les mains des vainqueurs; que Saladin rendrait la vraie croix, prise à la bataille de Tibériade; donnerait aux chrétiens 1700 captifs et leur payerait 200 000 pesants d'or (1 800 000 francs). Si toutes ces conditions n'étaient pas remplies à l'expiration des quarante jours, les captifs deviendraient l'absolue propriété des rois Philippe et Richard.

Le quarantième jour, le traité n'avait pas reçu sa complète exécution : Richard eut la barbarie de faire décapiter 2600 musulmans (20 août 1191).

XVI

Sièges de Béziers (1209) et de Toulouse (1211 et 1219).

Lorsque le pape Innocent vit les progrès de l'hérésie des Albigeois, il envoya à Raymond VI son légat Pierre de Castelnau pour prier le comte de Toulouse d'expulser les hérétiques. Raymond VI n'ayant fait aucun droit à la requête de Castelnau fut excommunié, mais un chevalier se mit à la poursuite du légat et l'égorgea au passage du Rhône. Vraisemblablement, le comte de Toulouse n'avait point ordonné ce meurtre. Néanmoins, les moines de Cîteaux prêchèrent une croisade d'extermination et trois armées, dirigées par Simon de Montfort, envahirent le Midi. Ce fut le 22 juillet 1209 que les croisés arrivèrent devant Béziers : cette ville contenait en ce moment 60 000 âmes, car les catholiques chassaient devant eux les paysans, qui se réfugiaient dans la ville. L'abbé de Cîteaux, remplissant les fonctions de légat, reçut presque en même temps des secours de la Guyenne, du Limousin, du Poitou, du Quercy, de l'Auvergne, de l'Agenais. Il réunit en assemblée les chefs de la croisade, et il fut décidé que les gens de Béziers seraient, sous peine d'excommunication, sommés de livrer tous les Albigeois réfugiés dans leur ville. L'évêque Réginald de Monpeyroux fut chargé de cette mission : on l'accueillit très respectueusement, mais on s'indigna à la pensée de livrer les hérétiques à Simon de Montfort.

Les bourgeois de Béziers se réunirent immédiatement et délibérèrent sur les mesures à prendre pour sauver les Albigeois. Pendant qu'ils discutaient, quelques soldats de la garnison sortirent pour escarmoucher autour du camp ennemi; ils furent aperçus par les *goujats* et les *ribauds* de l'armée, qui les poursuivirent et donnèrent l'alarme. Les croisés attaquèrent la ville sur tous les points; bientôt ils franchirent le fossé et escaladèrent la muraille. Durant trois heures, les gens de Béziers se défendirent avec une rare énergie; à la fin, le nombre l'emporta et les catholiques, se répandant dans les rues, y commirent les plus tristes excès; les prêtres élevaient leurs croix en l'air pour exciter les fidèles au carnage. Personne ne fut épargné. Les uns se réfugièrent dans la cathédrale de Saint-Nazaire, dont les chanoines firent sonner les cloches pour rappeler les croisés à la clémence. Les autres se réfugièrent dans l'église de la Magdelaine; ils y furent, paraît-il, tous massacrés, au nombre de sept mille. Lorsque la ville fut littéralement inondée de sang, elle fut brûlée et réduite en cendres par ordre du légat : un cordon de troupes entoura Béziers pour que personne ne pût sortir. Guillaume le Breton raconte qu'avant le carnage les croisés, ne sachant comment distinguer les Albigeois des catholiques, demandèrent à l'abbé de Cîteaux quelle conduite ils devraient tenir, si la ville était prise d'assaut : « *Tuez-les tous*, répondit l'abbé; *Dieu connaît ceux qui sont à lui!* » Cette intolérance coûta la vie à 60 000 hommes, si l'on en croit la chronique d'Albérich.

De Béziers, on marcha sur Carcassonne, qui succomba à son tour. Mais bientôt Raymond VI, auquel les légats avaient fait des propositions de paix inacceptables, se mit en état de défense et forma une ligue dans laquelle entrèrent les seigneurs voisins. Simon de Montfort, maître de Lavaur, marcha à grandes journées sur Toulouse : il répondit aux députés de cette ville que les habitants auraient la paix, s'ils voulaient consentir à se délier du serment de fidélité à leur seigneur. Cette proposition fut repoussée avec indignation, et l'évêque Foulques ordonna au clergé de sortir d'une cité qui soutenait ouvertement les hérétiques.

Les croisés passèrent la petite rivière de l'Hers, à une demi-lieue au-dessous de Montaudran. Dès qu'ils furent arrivés devant les murailles, ils dirigèrent leurs attaques contre le faubourg situé près de l'abbaye Saint-Sernin. Mal leur en prit : Raymond Roger, comte de Foix, et beaucoup d'autres vaillants chevaliers, se mirent à la tête de la garnison, et dans de fréquentes sorties firent éprouver aux soldats du pape des pertes sérieuses. Bref, au bout d'un mois, Montfort, désespérant de prendre Toulouse, leva le siège le 29 juin 1211.

C'était là un beau succès. Malheureusement la bataille de Muret, où périt Pierre II d'Aragon (1213), décida du sort du midi de la France, et deux ans plus tard le concile de Latran confirma les décisions de Montfort. Raymond demanda une audience du pape, qui lui montra une vive sympathie, mais ne fit rien pour lui. Cependant, depuis le concile, les princes du nord n'envoyaient plus de secours à Simon, qui se trouva pour ainsi dire abandonné à ses propres ressources. Aussi, lorsque Raymond débarqua avec son fils sur les

Fig. 14. — Les Croisés attaquèrent la ville de Béziers sur tous les points.

côtes de la Méditerranée, il fut accueilli avec enthousiasme par les gens de Marseille et d'Avignon. Les

Fig. 15. — Machine de jet en exercice.

seigneurs provençaux vinrent en foule mettre leur épée au service du jeune Raymond (VII), et Beaucaire tomba aux mains du fils pendant que le père parcourait les provinces et levait des troupes en Aragon. Peu à peu le comte de Toulouse recouvra ses domaines, et les croisés furent chassés de leur camp du Château-Narbonnais : ils avaient inutilement assiégé de nouveau Toulouse pendant neuf mois, et une pierre lancée d'un mangonneau avait mortellement blessé Simon de Montfort (1217). Le fils de ce dernier, Amaury, avait pris la fuite avec ses troupes, après avoir mis le feu à son camp.

Les Méridionaux triomphaient, lorsque dans les premiers jours du printemps de l'année 1219 Louis, fils aîné de Philippe-Auguste, vint secourir Amaury de Montfort et le rejoignit dans l'Agenais. Après la bataille de Basiège, Louis marcha vers Toulouse, où il arriva le 16 juin, et qu'il commença à assiéger. Il avait espéré prendre la ville d'assaut, mais quarante-cinq jours se passèrent en combats inutiles. Le prince, perdant patience, leva le siège le 1er août, abandonnant toutes ses machines et ne laissant à Amaury que deux cents chevaliers.

Philippe-Auguste refusa d'acheter à l'héritier de Simon de Montfort les conquêtes qu'il possédait dans le Midi. Louis VIII ne devait pas suivre la même politique, car il soumit à son autorité tout le pays situé à l'ouest du Rhône, à l'exception de Toulouse et de la Guyenne[1].

---

[1] V. Dom Claude de Vic et Dom Vaissette, *Histoire générale du Languedoc*; — Cayla et Perrin. — Paviot, *Histoire de Toulouse*; — d'Aldéguier, *Histoire de Toulouse*.

XVII

Le siège de Calais.

(1346-1347.)

Édouard III, vainqueur à Crécy, jugea prudent de s'assurer d'une ville sur la mer où il pourrait à son gré faire débarquer les troupes anglaises. Calais, à 28 kilo-

Fig. 16. — Sceau d'Édouard III.

mètres de Douvres, lui parut devoir remplir toutes les conditions désirables, et fut assiégée huit jours après la défaite de Philippe VI (5 septembre 1346).

Calais, qui avait alors pour gouverneur le chevalier

bourguignon Jean de Vienne, était défendue par une nombreuse garnison, bien décidée à lutter jusqu'au bout. En présence de cette détermination, Édouard pensa avec raison qu'il ne prendrait pas la ville par des assauts, mais par la famine, et il fit élever entre Calais, la Maye et le pont de Nieulay, une véritable ville en bois qu'il appela *Ville-neuve-la-Hardie :* hôtels, maisons, marchés, halles de draps ou de pain, merceries, boucheries, tout ce qui, en un mot, se trouve habituellement dans une ville, se rencontra dans le camp des Anglais, qui purent de cette manière attendre patiemment que la faim obligeât les Français à capituler.

Jean de Vienne fit aussitôt sortir de la ville environ 1700 bouches inutiles, mais, si l'on en croit Knighton, le roi d'Angleterre leur refusa le passage et les laissa mourir de faim entre Calais et son camp. Les assiégés, qui espéraient toujours voir arriver l'armée française, n'en continuèrent pas moins leur résistance durant l'hiver et le printemps ; ils étaient secourus par les Picards des côtes et les marins normands, qui faisaient entrer par mer dans la place des vivres et des munitions. Édouard, pour priver les Calaisiens de cette dernière ressource, fit élever sur l'emplacement du fort moderne de Risbank un château en bois, muni d'artillerie : dès lors, aucun navire ne pénétra dans le port et la famine se fit sentir.

Jean de Vienne adressa à Philippe VI, au mois de juin, une lettre pressante : « Tout est mangé, lui disait-il, chiens et chats et chevaux, et de vivres nous ne pouvons plus trouver en la ville, si nous ne mangeons chair de gens...... Si nous mourons pour vous, tenez-en compte à nos enfants. » Philippe aurait bien voulu

Fig. 17. — Les Anglais devant Calais.

secourir la place, mais il manquait d'argent pour subvenir aux besoins d'une armée. Les états généraux, réunis à Paris, lui accordèrent un subside, et l'armée, convoquée pour le 20 mai 1347, se mit en marche au milieu de juillet. Philippe trouva les Anglais protégés par une flotte du côté de la mer, par des marais du côté de la terre. Lorsqu'il vit que, malgré ses offres brillantes, les Flamands ne voulaient pas lui laisser prendre la route de Gravelines, il s'avança par le chemin de Boulogne jusqu'au mont de Sangatte, entre Calais et Wissant. Là, les deux maréchaux de France se trouvèrent trop faibles pour attaquer la *Ville-neuve-la-Hardie*, et Philippe congédia ses troupes (2 août 1347), après avoir inutilement proposé à Édouard III de lui restituer le Ponthieu et la partie de la Guyenne que possédait l'Angleterre avant Philippe le Bel.

Lorsque les Calaisiens virent s'éloigner cette armée, leur dernier espoir, ils comprirent qu'il ne leur restait plus qu'à se rendre. Le gouverneur Jean de Vienne monta sur les murs de la ville et fit signe aux Anglais qu'il voulait leur parler. Édouard envoya messire Gautier de Mauny, et Jean demanda à ce seigneur de laisser la vie sauve aux assiégés, moyennant quoi Calais capitulerait. Le roi d'Angleterre refusa tout d'abord de consentir à cette condition, mais, sur les instances de ses officiers, il finit par dire au sire de Mauny :

« Gautier, vous en irez à ceux de Calais, et direz au capitaine que la plus grande grâce qu'ils pourront trouver ni avoir en moi, c'est que ils partent de la ville de Calais six des plus notables bourgeois, en purs leurs chefs et tous déchaux, les harts au col, les clefs de la ville et du châtel en leurs mains; et de ceux je ferai ma volonté ; et le demeurant je prendrai à merci ».

Jean de Vienne fit sonner les cloches, rassembla les Calaisiens dans la halle et leur apprit la réponse d'Édouard. Au moment où la foule éclatait en sanglots, Eustache de Saint-Pierre, le plus riche bourgeois de la ville, s'écria : « Seigneurs, grand'pitié et grand meschef seroit de laisser mourir un tel peuple que ici a, par famine ou autrement, quand on y peut trouver aucun moyen ; et si seroit grand'aumône et grand'grâce envers Notre-Seigneur, qui de tel meschef le pourroit garder. Je, en droit moi, ai si grand'espérance d'avoir grâce et pardon envers Notre-Seigneur, si je meurs pour ce peuple sauver, que je veux être le premier ; et me mettrai volontiers en pur ma chemise, à nud chef, et la hart au col en la merci du roi d'Angleterre. » Aussitôt Jean d'Aire, Jacques et Pierre de Vissant et deux autres se présentèrent pour accompagner Eustache de Saint-Pierre. Le gouverneur les conduisit à Gautier de Mauny, qui attendait entre la porte et les barrières, et tous les six se présentèrent au roi d'Angleterre pour sauver leurs concitoyens. Ce dévouement toucha les chevaliers anglais qui prièrent Édouard, les larmes aux yeux, de ne pas ternir sa réputation en faisant mourir des hommes si généreux, mais le roi serait resté inflexible sans l'intervention de la reine. Philippine de Hainaut, sur le point de donner un héritier à Édouard, supplia son mari d'épargner les bourgeois « pour le fils de sainte Marie et pour l'amour d'elle. » Le roi céda aux prières de la reine, qui renvoya les Calaisiens après les avoir fait manger et leur avoir donné à chacun six pièces d'or.

Le lendemain Édouard entra dans la ville qu'il repeupla d'Anglais (6 août 1347). Jean de Vienne et les autres chevaliers furent envoyés en Angleterre; le reste de la population fut chassé de Calais.

Le dévouement d'Eustache de Saint-Pierre ne se trouve mentionné ni dans la Chronique de Saint-Denis,

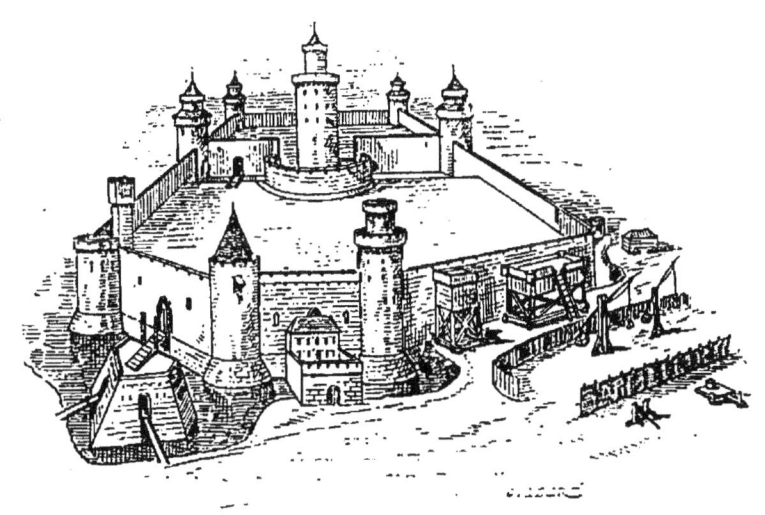

Fig. 18. — Fortification d'une place au xiv° siècle.

ni dans Villani, ni dans Avesbury. D'après le savant Bréquigny, Eustache aurait entretenu des relations avec les Anglais et déterminé ses concitoyens à se rendre. Ce qu'il y a de certain, c'est qu'Eustache devint le fidèle sujet d'Édouard III, qui lui accorda une pension et lui rendit une partie de ses biens.

XVIII.

Le siège de Melun.

(1420.)

Avant l'emploi de l'artillerie dans les sièges, les machines dont on se servait étaient au nombre de deux principales : le *trébuchet* et l'*arbalète à tour*.

Le *trébuchet* était composé d'une longue poutre, appelée *verge* ou *flèche*, tournant autour d'un axe horizontal porté par des montants. A l'une des extrémités de la verge on fixait un contre-poids; à l'autre, une fronde contenant le projectile à lancer (pierres, tonneaux remplis de feu grégeois, fer rouge, etc.).

L'*arbalète à tour* était une arbalète dont l'arc, fait de bois, de corne ou d'acier, mesurait environ 10 mètres, et qui, selon les calculs du colonel Dufour, pouvait lancer à 800 mètres des traits pesant un demi-kilogramme.

Au treizième siècle, l'usage de la poudre se répandit en Europe. Au quatorzième se produisit l'apparition des bouches à feu, et au commencement du quinzième, l'artillerie fut définitivement employée en Italie, en Angleterre, en France, en Flandre et en Allemagne. Les premiers canons en usage furent de très petit calibre : on voit, à l'arsenal de Venise, une bombarde attribuée à Victor Pisani et dont on se servit en 1385, au siège de Chioggia;

elle est en tôle et recouverte de cordes goudronnées et de cuir.

En même temps que l'artillerie apparaissait dans les sièges, la poliorcétique se perfectionnait rapidement, et on employait un système d'investissement régulier. Ce système se trouve décrit par Juvénal des Ursins

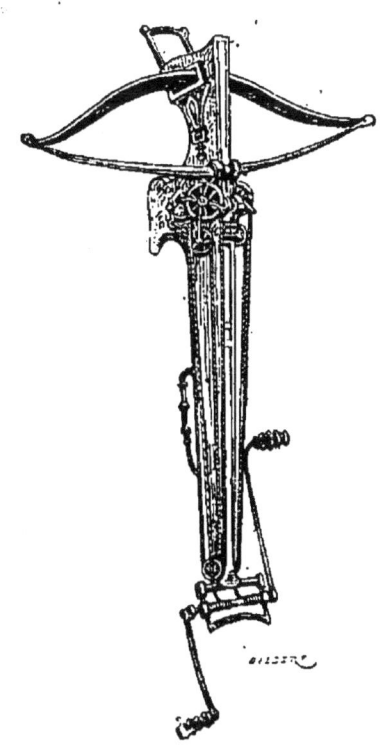

Fig. 19. — Arbalète à tour.

(*Histoire de Charles VI*) à propos du siège de Melun, et cela explique pourquoi nous mentionnons ce siège peu important au point de vue de l'histoire générale. On peut résumer en quelques mots la manière dont on se servait alors pour prendre une ville :

1° Tracer des fossés de contrevallation autour de la ville ;

2° Élever de distance en distance des *bastides* ou petits camps retranchés ;

Fig. 20. — Canon à boîte.

Fig. 21. — Canon d'une seule pièce.

3° Établir les canons sur des épaulements et pratiquer des brèches ;
4° Ouvrir des boyaux de tranchée ;
5° Faire jouer la mine.

Remarquons que les Anglais reprirent identiquement à Orléans (1428-29) les travaux exécutés au siège de Melun, en 1420, par le roi Henri V, un an après l'assassinat de Jean sans Peur. Les Anglais, qui s'étaient facilement emparés de Sens, de Montereau, ne s'attendaient pas à trouver tant de résistance devant Melun, dont les habitants s'avouaient fièrement « bons et loyaux Français, et au roi de France ». Le seigneur de Barbasan se signala surtout par son courage, et il fut admirablement secondé par Louis Juvénal des Ursins, par Nicole de Giresme, Gilles d'Escheviller, bailli de Chartres, Denys de Chailly, etc. Des deux côtés, on commença par tirer « des coups de canon et d'arbalète », et un religieux de Saint-Augustin, qui se trouvait dans la ville, « fit merveille contre les assiégeants et en tua un grand nombre ». Le Dauphin essaya bien de secourir la place, mais les prodigieux travaux accomplis par les Anglais et les Bourguignons l'effrayèrent tellement que les troupes revinrent sans avoir rien fait. Melun se défendait toujours avec la même énergie, bien qu'en plusieurs endroits les murs se fussent écroulés sous les coups des canons ennemis. Sur ces entrefaites, le *Duc Rouge de Bavière*, récemment arrivé devant la ville, persista, malgré les avis du roi d'Angleterre, à vouloir donner l'assaut aux gens de Melun ; il fut repoussé et taillé en pièces par un détachement de la garnison, qui sortit tout à coup d'une poterne.

« Quand donc les Anglois et Bourguignons virent et cogneurent — nous dit des Ursins — que par assaut on ne les auroit pas, ils firent miner en divers lieux, de quoy se doutoient bien ceux de dedans : pour laquelle cause ils firent diligence d'écouter ès caves, s'ils oirroyent rien et s'ils n'entendroient point que on frappast sur pierres, ou quelque bruit, ou son ». Les assiégés se mirent aussitôt à contre-miner, on se rencontra, et on se battit à outrance dans les mines : Remond de Lore et Louis des Ursins y vainquirent deux Anglais.

Cependant les Français « estoient réduits à grandes detresses et extremitez de vivres...; ils avoient bien esté un mois sans pain et ne mangeoient seulement que chair de cheval, qui est une chose peu ou point nourrissante ». Dans cette circonstance critique, ils demandèrent à capituler et il fut convenu « qu'ils s'en iroient sauves leurs vies et sans estre mis à aucune rançon ou finance ». Le seigneur de Barbasan et douze notables guerriers furent retenus comme otages, et les habitants se disposèrent à sortir de la ville. Mais le roi d'Angleterre, interprétant en mauvais sens les clauses de la capitulation, leur déclara « qu'ils s'en iroient sauves leurs vies, non mie où ils voudroient, mais aux prisons du Roy à Paris ».

Les otages et plusieurs soldats furent jetés dans des cachots et traités avec la dernière rigueur.

XIX

Siège d'Orléans.

(1428-1429.)

A la mort de Charles VI, deux princes furent appelés à lui succéder. Le premier, Henri VI d'Angleterre possédait en France les pays situés au nord de la Loire et au sud de la Garonne. Le second, le Dauphin Charles, ne conservait que la Touraine, l'Auvergne, l'Orléanais, le Berry, le Bourbonnais, le Languedoc, le Dauphiné et le Lyonnais.

Bedford, oncle et tuteur du roi d'Angleterre, fit alliance avec les ducs de Bretagne et de Bourgogne, et résolut d'achever la conquête de la France, épuisée par les désastres de Crécy, de Poitiers et d'Azincourt. Pour s'emparer aisément des pays du centre, il fallait tout d'abord songer à prendre Orléans, véritable chef-lieu de la France restée française, dernier obstacle qui pût arrêter l'envahissement des Anglais.

Dans l'été de 1428, le duc de Bedford confia donc dix mille hommes au général Salisbury, qui se mit aussitôt en campagne et se rendit maître des villes secondaires voisines d'Orléans : Rambouillet, Rochefort, le Puiset, Meung, Baugency, Jargeau, Châteauneuf. Puis, passant la Loire à Olivet, il arriva devant Orléans, le 12 octobre 1428.

Les Orléanais avaient prévu cette attaque. Ils avaient voté une taxe, rasé le faubourg du Portereau, détruit les arbres et les vignes à une lieue à la ronde, reçu des secours de Bourges, de Poitiers, de Blois, de La Rochelle. Enfin, les états généraux convoqués par Charles VII ordonnèrent à tous les Français de concourir à la défense de la patrie.

La tête du pont d'Orléans, du côté de la rive gauche,

Fig. 22. — Siège d'Orléans.

était défendue par un fort élevé sur la culée même du pont, et dont les approches étaient couvertes par le boulevard des *Tournelles*. C'est sur ce point que Salisbury dirigea ses efforts. Il fit élever un retranchement sur les ruines du couvent des Augustins, bombarda les remparts et y pratiqua une brèche par laquelle les Anglais se précipitèrent pour donner un premier assaut. La résistance des assiégés fut admirable : une avalanche de pierres, de pots à feu, d'huile bouillante, de cendres chaudes, tomba sur les assaillants ; les femmes mêmes prirent part à la lutte ou apportèrent aux combattants des vivres pour les réconforter. Salisbury fit sonner la retraite, mais il parvint, après de nouvelles attaques, à s'emparer du fort des Tournelles. Une fois maître de la tête du pont, il résolut de construire des forts tout autour de la ville pour intercepter les communications entre les assiégés et le reste de la France. Un jour qu'il examinait, du haut des Tournelles, les travaux des Orléanais, il fut atteint par un éclat de pierre qui lui fracassa le visage. Transporté à Meung, il expira quelques jours plus tard après avoir recommandé la continuation de ses plans aux officiers de l'armée anglaise.

Son successeur, le comte de Suffolk, laissa quelques détachements sur la rive gauche de la Loire et conduisit au nord du fleuve la plus grande partie de l'armée. Puis il fit bâtir en face des principales routes treize *bastides* (camps retranchés) reliées entre elles par soixante redoutes : de cette manière, Orléans, primitivement attaquée du seul côté de la Sologne, se trouva entièrement investie (décembre 1428). Les hostilités continuèrent pendant tout l'hiver. Des assauts et des sorties, voilà ce que l'on trouve, durant cette saison, dans le journal du siège, qui nous apprend aussi que les Orléanais, joyeux malgré leurs infortunes, envoyèrent aux Anglais des violons pour les distraire. Il est vrai que William Stuart, frère du connétable d'Écosse, le sire d'Albret, la Hire, Gilbert de la Fayette, étaient venus au secours de la ville, et que dans la nuit du 8 au 9 février (1429) 2000 soldats avaient traversé la ligne d'investissement et pénétré dans Orléans.

A ce moment, on apprit que le duc de Bedford envoyait de Paris à l'armée anglaise un convoi composé surtout de barils de harengs, à cause du carême. Le comte de Clermont partit aussitôt de Blois avec 3000 hommes pour enlever ce convoi et vaincre le capitaine Fastolf qui l'escortait, pendant qu'un détachement, sortant de la ville, allait prendre part à l'attaque. On atteignit les Anglais à Rouvray, entre Orléans et Etampes (12 février 1429). Fastolf éleva avec ses chariots une sorte de barricade, derrière laquelle il forma un retranchement au moyen de pieux aiguisés. Le manque de discipline coûta cher aux Français : plusieurs de leurs chefs restèrent sur le champ de bataille, et 500 hommes seulement revinrent dans la ville. On donna à cette défaite le nom significatif de *Détrousse des harengs*.

Comptant peu sur le roi, les Orléanais s'adressèrent au duc de Bourgogne Philippe. Ils lui offrirent « de remettre leur ville en séquestre dans ses mains, si le régent anglais voulait leur accorder trêve », et le supplièrent de ne pas abandonner à l'étranger l'héritage de son cousin le duc d'Orléans. Philippe reçut les messagers avec une grande déférence. Il se rendit avec eux à Paris, où il s'entretint verbalement avec Bedford, mais le régent accueillit fort mal cette proposition et répondit sèchement à Philippe qu'il n'entendait pas battre les buissons pour que d'autres mangeassent les oisillons. Le duc de Bourgogne froissé envoya avec les députés un trompette qui rappela ses vassaux et adhérents. L'armée ennemie se trouva diminuée de 1500 hommes environ, ce qui ne l'empêcha pas de repousser une furieuse sortie des Orléanais, le 18 avril 1429.

Dès lors, tout sembla perdu. La bourgeoisie, la noblesse, le clergé, étaient impuissants; le roi se demandait s'il ne renoncerait pas à sa couronne pour aller vivre en Espagne ou en Écosse; la France allait devenir anglaise. A ce moment, la voix de Jeanne Darc se fit entendre, et la vierge de Lorraine communiqua à sa patrie expirante son souffle patriotique et revivifiant!

« En l'an dessus dit, vint devers le roi Charles de France, à Chinon (6 mars 1429), où il se tenoit, une pucelle, jeune fille âgée de vingt ans environ, nommée Jeanne, laquelle étoit vêtue et habillée en guise d'homme; et étoit née des parties entre Bourgogne et Lorraine, d'une ville nommée Droimy, assez près de Vaucoulour; laquelle pucelle Jeanne fut grand espace de temps chambrière en une hôtellerie, et étoit hardie de chevaucher chevaux et les mener boire, et aussi de faire appertises et autres habiletés que jeunes filles n'ont point accoutumé de faire. Et fut mise à voie et envoyée devers le roi par un chevalier nommé messire Robert de Baudricourt, capitaine, de par le roi, de Vaucoulour, lequel lui bailla chevaux et quatre ou six compagnons. Si se disoit être pucelle inspirée de la grâce divine, et qu'elle étoit envoyée devers icelui roi pour le remettre en la possession de son royaume, dont il étoit enchassé et débouté à tort, et si étoit en assez pauvre état. Si fut environ deux mois en l'hôtel du roi dessus dit, lequel par plusieurs fois elle admonestoit par ses paroles qu'il lui baillât gens et aide, et elle rebouteroit ses ennemis et exhausseroit sa seigneurie » (Monstrelet, ch. LVII).

M. de Richemond, archiviste de la Charente-Inférieure, a découvert dans un manuscrit de la bibliothèque de La Rochelle, le *Livre Noir*, un portrait contemporain de Jeanne Darc, qui a été reproduit dans la *Revue His-*

torique par M. Jules Quicherat. Le chroniqueur rochelais du quinzième siècle décrit ainsi la Pucelle lorsqu'elle arriva à la cour de Charles VII : *pourpoint noir, chausses estachées, robe courte de gros gris noir, cheveux ronds*[1] *et noirs, et un chapeau noir sur la tête.* D'après lui, l'étendard de Jeanne « portait un Saint-Esprit d'argent en champ d'azur, l'oiseau tenant en son bec une banderole avec ces mots : *De par le Roy du Ciel* ». M. Quicherat prétend que cette relation peut figurer comme la première en date dans la série des chroniques relatives à la Pucelle.

Charles VII, après quatre jours d'hésitation, avait consenti à recevoir Jeanne, qui lui dit : « Gentil Dauphin, le roy du ciel m'a envoyée pour vous secourir, s'il vous plaît me donner gens de guerre. Par grâce divine et force d'armes, je ferai lever le siège d'Orléans et vous mènerai sacrer à Reims. » Le roi et son conseil ne la croyaient guère et la considéraient « comme une folle dévoyée de sa santé. » ; mais à la fin Charles envoya Jeanne à Poitiers, où une commission de théologiens et de magistrats interrogea la Pucelle pendant quinze jours et déclara que sa *charge* (mission) ne lui venait pas de Satan. Enfin, vers le milieu d'avril, Jeanne fut ramenée à Chinon. Le roi résolut de lui confier une troupe armée, lui donna un écuyer, un page, deux hérauts, un étendard, et la future libératrice d'Orléans se mit en route le 27 avril, avec 4 ou 5000 hommes, en même temps qu'elle envoyait aux Anglais une sommation datée du 22 mars :

---

[1] Suivant la coutume du temps, les cheveux de Jeanne étaient coupés *en rond*, c'est-à-dire de manière à former une sorte de calotte posée sur le crâne.

« Au duc de Bethfort, soi disant régent le royaume de France ou à ses lieutenans estans devant la ville d'Orléans :

« Roi d'Angleterre, et vous, duc de Bethfort qui vous dites régent le royaume de France, et vous, Guillaume, comte de Suffolk, rendez à la pucelle cy envoyée de par Dieu le roi du ciel les clefs de toutes les bonnes villes que vous avez prises ou violées en France. Elle est toute preste de faire paix, si vous lui voulez faire raison et quitter la France. Et vous, archers et compagnons de guerre, qui estes devant Orliens, allez-vous-en en votre pays, de par Dieu, et si ainsi ne le faites, attendez les nouvelles de la Pucelle qui vous ira voir brièvement à vostre bien grand dommage. Roi d'Angleterre, si ainsi ne le faites, ie suis chef de guerre, et en quelque lieu que ie atteindrai vos gens en France, ie les en ferai partir qu'ils veuillent ou non. Je suis envoyée de par Dieu pour vous mettre hors de toute la France. Si vous en voulez croire les nouvelles de par Dieu et Jeanne, aux coups verra-t-on qui aura meilleur droit de Dieu ou de vous. Et faites réponse si vous voulez paix dans la cité d'Orliens, et si ainsi ne le faites de vos grands dommages vous souvienne avant peu ! ».

Les capitaines qui accompagnaient Jeanne Darc n'avaient en elle qu'une confiance limitée. Aussi la conduisirent-ils du côté de la Sologne, où les Anglais étaient en très petit nombre. Elle s'embarqua à Chessi, à deux lieues au-dessus d'Orléans, avec un convoi de vivres et 200 chevaux sur une flottille conduite par Dunois, et le soir à huit heures elle entra dans la ville, aux acclamations des assiégés. Elle voulut immédiatement commencer l'attaque, mais la garnison préféra attendre le reste de l'armée venue pour accompagner Jeanne et redescendue à Blois pour traverser la Loire. Les Anglais, qui considéraient Jeanne comme une sorcière d'aussi bonne foi que les Français la croyaient inspirée « de par le Roy du ciel, » n'essayèrent même pas d'empêcher la petite troupe d'entrer dans Orléans. Quelques capitaines, profitant du sommeil de la Pucelle, attaquèrent aussitôt la bastide de Saint-Loup : ils furent repoussés, perdirent beaucoup de soldats, et ils allaient se retirer, lorsque Jeanne Darc, réveillée en sursaut, se montra en même temps que Dunois amenait un renfort de 1500 hommes. La bastide est emportée d'assaut (4 mai 1429). Deux jours après, les Anglais, chassés de la bastide du couvent des Augustins, se réfugiaient dans le fort des Tournelles, la position la mieux fortifiée de toutes et commandée par Glacidas.

Dès le lendemain matin, Jeanne fit ouvrir de force la porte de la ville et annonça que le soir même il n'y aurait plus un Anglais au midi de la Loire. Après trois heures de combat Jeanne, s'apercevant que les Français plient, se précipite dans le fossé et monte la première à une échelle qu'elle vient de placer contre le boulevard. Les Anglais veulent se jeter sur elle en la voyant tomber dans le fossé, percée à la gorge d'un trait d'arbalète, mais un capitaine frappe de sa hache tous ceux qui tentent de s'approcher. Pendant que Jeanne est emportée à l'écart et qu'on panse sa blessure, les Français perdent courage. Dunois déjà conseille la retraite, et on se dispose à l'écouter, lorsque la Pucelle, à cheval, reparaît en s'écriant : « Tout est à nous ! Entrons ! ». On la suit, on s'élance de toute part, et au moment où les Orléanais prennent possession du fort des Tournelles, le boulevard est emporté d'assaut. Le soir, cette victoire fut célébrée par un *Te Deum* solennel, dans l'église de Sainte-Croix.

Au midi, plus un seul Anglais ne se montra. Au nord, les vaincus se rangèrent en bataille du côté de la Beauce, mais la vierge de Lorraine, qui évitait le plus possible de faire répandre le sang, ne les attaqua même pas. Ils battirent en retraite, laissant 500 cadavres dans les retranchements, abandonnant leurs blessés, leurs bagages, leurs vivres et leur artillerie. Orléans reconnaissante célèbre encore de nos jours, le 8 mai, l'anniversaire de sa délivrance et l'héroïsme de Jeanne Darc.

XX

Le siège de Constantinople.

(1453.)

Le sultan Bayezid avait fait construire sur la rive asiatique du Bosphore le château fort de Guzelhissar; Mohammed II, monté sur le trône en 1451, voulant fermer le détroit aux vaisseaux grecs, entreprit la construction de la citadelle de Boghazkesen sur la rive opposée. L'empereur Constantin envoya aussitôt à Mohammed des ambassadeurs pour lui reprocher sa hardiesse, mais le musulman reçut les députés avec la dernière insolence. « Je ne forme pas, leur dit-il, d'entreprise contre votre ville. Pourvoir à la sûreté de mes États n'est pas enfreindre les traités.... Les deux rivages sont à moi : celui d'Asie parce qu'il est habité par des Ottomans, celui d'Europe parce que vous ne savez pas le défendre ! » Et sans se préoccuper davantage des réclamations de Constantin, il fit venir 6000 ouvriers pour bâtir la citadelle.

L'empereur effrayé passa de la menace à la prière. Il envoya à Mohammed les vins et les mets les plus exquis, et le supplia d'épargner les moissons des Grecs. Le sultan n'en fit rien ; il ordonna même le massacre des habitants d'Epibatos, et les soldats turcs égorgèrent un jour des moissonneurs qui se rendaient aux champs (juin 1452). Cette fois, Constantin perdit patience. Il fit jeter en prison tous les Turcs qui se trouvaient à Constantinople, et Mohammed saisit ce prétexte pour entamer les hostilités. Il confia la garde du fort de Boghazkesen, récemment achevé, à 400 janissaires commandés par Firouzaga; puis, le 28 août, il vint jusqu'aux fossés de Constantinople, examina les remparts, et revint à Andrinople, où il commença les préparatifs du siège. Pour empêcher Démétrius et Thomas, despotes du Péloponèse, de venir au secours de Byzance, il envoya le béglerbeg (gouverneur) Tourakhan ravager la péninsule.

Un fondeur de canons, le hongrois Orban, mécontent du maigre salaire que lui donnaient les ministres de Constantin, vint en ce moment trouver Mohammed et mettre au service du sultan les ressources de son art. Mohammed le combla de richesses; il lui demanda de fondre une pièce d'artillerie capable d'ébranler les murs de Byzance, et Orban construisit en effet un canon que cent bœufs traînaient à peine et qui lançait à plus de 600 toises des boulets d'une circonférence de douze palmes (la palme valait 9 pouces environ). Cet engin gigantesque, transporté à Andrinople avec une extrême difficulté, fut chargé, et produisit une explosion assez forte pour être entendue de plusieurs lieues à la ronde. Mohammed rempli de joie continua ses préparatifs. Désormais, il employa son temps à tracer le plan des fortifications de Constantinople, à déterminer d'avance les endroits où il établirait ses machines; et, dans les premiers jours de février 1453, il fit partir d'Andrinople le canon d'Orban.

Que faisaient en ce moment les Byzantins ? Au lieu

de se préparer à la lutte, ils s'occupaient de disputes théologiques ou s'effrayaient de misérables superstitions. Des visionnaires montraient un décret tombé du ciel, d'après lequel on devait laisser arriver les Turcs jusqu'à la colonne de Justinien : là, la justice divine les exterminerait. Seul, Constantin songeait à la défense, faisait réparer et garnir de canons les murs des deux enceintes, et tendre de la tour de la ville à celle de Galata une chaîne immense pour fermer le port aux musulmans. « Les murs devant le Turc — dit un Français qui se trouvait dans la place — sont très gros et hauts, et dessus y a barbacanes (meurtrières) et mâchicoulis, et en dehors faux murs et fossés ; et sont hauts les murs principaux de 20-22 brassées, et larges en aucun lieu 6, en aucuns lieux 8 brassées. » Parmi les défenseurs de Constantinople, il faut citer Nicéphore et Théophile, le grand-duc Lucas Notaras, Démétrius Cantacuzène, le prince mahométan Orcan Céléby, etc. Le recensement fait pendant le siège, par ordre de l'empereur, établit que 4973 Grecs seulement défendaient la ville : ils étaient secondés par 2000 étrangers et 4000 Génois commandés par Jean Longus Guistiniani. La flotte Grecque se composait de 3 bâtiments marchands vénitiens, de 3 vaisseaux génois, d'un navire espagnol, d'un français, de 4 bateaux de Candie et de 2 venus de la Canée (Cydon).

Mohammed parut devant Byzance le 6 avril 1453. Outre le grand canon, qui fut établi devant la porte Caligaria, quatorze batteries foudroyèrent les murs ; des archers décochèrent sur les remparts une véritable grêle de flèches, et des mineurs creusèrent le sol jusqu'aux fossés. Quatre tours et une immense machine, appelée

Epepolin (qui prend les villes) par les Grecs, furent également dressées devant les fortifications. M. de Hammer estime à 25 000 le nombre des soldats turcs.

La flotte du sultan quitta la baie de Phidalia le 15 avril et vint jeter l'ancre près de Diploncion (Beschiktasch). Quelques jours après, cinq navires, dont quatre génois et un grec, arrivèrent dans la Propontide. Les cent cinquante vaisseaux que Mohammed envoya à leur rencontre étaient montés par des hommes sans expérience, qui ne purent empêcher les embarcations grecques d'entrer dans le port. Pour se consoler de cet insuccès, les Turcs s'écrièrent que « Dieu leur avait destiné l'empire de la terre et avait réservé aux infidèles la domination de la mer ». Mais Mohammed, ne sachant comment supprimer la chaîne tendue par Constantin entre Galata et la ville, fit couvrir le sol de planches graissées et transporter par terre une partie de ses navires. Le lendemain, les assiégés virent avec terreur soixante-dix bâtiments turcs dans le port. Jean Giustiniani fit une vaine tentative pour les brûler : son navire fut coulé par les Turcs qui se tenaient sur leur gardes, et Mohammed, maître du port, construisit un pont qui joignit les deux rives. Ce pont était fait de tonneaux liés les uns aux autres au moyen de crampons de fer, et sur lesquels des planches furent ensuite posées. Le Vénitien Jacques Kok essaya inutilement de mettre le feu au pont et à la flotte ; ses navires coulèrent sous le poids des pierres énormes lancées par les Turcs, son équipage fut égorgé, et les Byzantins se vengèrent en plantant sur les créneaux les têtes de 260 prisonniers musulmans. L'artillerie turque se mit alors à foudroyer la ville si violemment que quatre tours furent renversées, et qu'une brèche fut ouverte à la porte Saint-Romain. Avant d'aller plus loin, Mohammed chargea son gendre Isfendiaroghli de sommer l'empereur de se rendre : Constantin répondit fièrement qu'il était tout disposé à se reconnaître tributaire du sultan, mais qu'il défendrait sa capitale jusqu'au bout.

Mohammed, irrité de cette réponse, déclara solennellement à ses troupes qu'un assaut général aurait lieu le 29 mai. Cette nouvelle fut accueillie par des cris de joie. Les derviches, parcourant le camp, exhortaient les soldats à défendre la cause du Prophète; les cris : « Il n'y a d'autre Dieu que Dieu, et Mohammed est son prophète! » sortaient de toutes les bouches; et une illumination générale porta au plus haut degré l'enthousiasme des musulmans. Les Grecs découragés se prosternaient devant la statue de la Vierge, confessaient leurs fautes comme si leur dernier jour était arrivé, et les mots « *Kyrie, eleison!* » montaient dans l'air ainsi qu'un chant lugubre.

Cependant Constantin avait rassemblé l'élite de la noblesse et l'avait excitée à la résistance. Il parcourait la ville, visitait les postes, distribuait des vivres, ranimait le courage de chacun. Jean Giustiniani fit réparer pendant la nuit qui précéda l'attaque les fortifications, et il se montra si brave que Mohammed chercha à le séduire : « Que ne donnerais-je pas, disait le sultan, pour m'attacher cet homme! » La veille, Constantin, suivi des grands, communia à l'église Sainte-Sophie; puis il monta à cheval, visita une dernière fois les postes et se rendit à la porte Saint-Romain. Le lendemain, à l'aube, chacun était sous les armes.

L'assaut commença au point du jour. Les invalides

et les recrues, que Mohammed faisait marcher devant pour protéger les meilleurs soldats, tombèrent bien vite sous les flèches des assiégés, qui déployèrent une énergie dont on ne les croyait guère capables. L'empereur, Théophile Paléologue et Démétrius Cantacuzène, encouragent les Grecs qui renversent les échelles des assaillants, et lancent du feu grégeois sur les navires. Giustiniani, légèrement blessé au bras ou à la jambe, se retire malgré les instances de Constantin; mais son absence ne ralentit qu'un moment le courage des Grecs. Ceux-ci reviennent bientôt à la charge, précipitent du haut des murs dix-huit janissaires et tuent leur chef, Hasan d'Ulubad. Malheureusement, cinquante Turcs s'élancent par la porte Cercoporta, ouverte pour une sortie : ils tuent sans pitié tous ceux qu'ils trouvent sur leur passage. Constantin se mêle aux combattants. « N'y aura-t-il pas un chrétien pour me tuer? » s'écrie-t-il ; et au moment où il prononce ces paroles, il tombe frappé de deux coups de sabre. En même temps, les Turcs pénètrent dans la ville par la porte Caligaria. Ils poursuivent les habitants, qui se jettent dans l'église Sainte-Sophie, et se groupent autour de la colonne de Constantin le Grand, dans l'espoir qu'un ange va venir les délivrer. Les portes sont bientôt enfoncées à coups de hache; les autels sont profanés, les fuyards égorgés, le temple dépouillé de ses richesses. Tous ceux qui s'étaient retirés dans le port périrent, à l'exception des riches, que les Ottomans épargnèrent pour en retirer une forte rançon.

Ainsi se termina le siège de Constantinople, qui avait duré cinquante-trois jours (29 mai 1453). Mohammed entra dans la ville par la porte Saint-Romain, suivi de ses vizirs, de ses pachas et de ses gardes; et l'église Sainte-Sophie, chef-d'œuvre de l'architecture chrétienne, devint un temple musulman. Le grand-duc Lucas Notaras trahit ses concitoyens et donna à Mohammed la liste des grands dignitaires, dont la tête fut mise à prix. Celle de l'empereur fut suspendue au sommet d'une colonne, sur la place Augusteon. Le lendemain (30 mai), Mohammed parcourut la ville à cheval et visita le palais de Constantin. Il ne put maîtriser son émotion devant l'aspect désolé de la demeure des Empereurs d'Orient, et il cita quelques vers de circonstance empruntés à un poète Persan :

> Perdedari miküned ber Kassri kaïssar ankebut
> Bumi nœbet mizened ber künbedi Efrasiab.

« L'araignée s'établit comme gardienne dans le palais des empereurs et tire un rideau sur la porte; la chouette fait retentir les voûtes royales d'Efrasiab de son chant lugubre ».

Près de là eut lieu un festin magnifique, à la suite duquel le sultan, dans un moment d'ivresse, fit décapiter un grand nombre de vaincus. Parmi ceux-là se trouvait Lucas Notaras : le châtiment suivait de près la trahison.

XXI

Le siège de Beauvais.

(1472.)

Le 24 mai 1472, Charles, duc de Guyenne et frère de Louis XI, mourut à Bordeaux au moment où il était question de le marier à l'héritière de Bourgogne. Immédiatement l'armée du roi occupa l'Aquitaine, qui fut incorporée sans résistance au domaine de la couronne.

Charles le Téméraire soupçonna Louis XI d'avoir empoisonné son frère et, après s'être assuré de l'alliance du duc de Bretagne, il passa la Somme, saccagea la petite ville de Nesle, et se dirigea vers la Normandie en passant par Beauvais, dont il comptait s'emparer sans la moindre difficulté. Bientôt, en effet, l'avant-garde de l'armée bourguignonne se présenta en toute confiance devant les portes de Bresle et du Limaçon, après avoir pris les faubourgs. Beauvais n'était pas fortifiée; elle n'avait même pas de garnison; mais les habitants, s'armant à la hâte, repoussèrent un premier assaut avec une énergie incroyable. Les femmes mêmes réunies autour de la châsse de sainte Angadresme, patronne de Beauvais, se mêlèrent aux combattants et lancèrent sur l'ennemi des pierres et de l'huile bouillante. Une jeune fille, Jeanne Laisné, surnommée Jeanne *Hachette*, à cause de la petite hache dont elle était armée, précipita du haut de la muraille le porte-drapeau bourguignon et vint déposer l'étendard ennemi dans l'église des Jacobins, où se trouvait la chapelle de sainte Angadresme.

Cet étendard, fait de toile blanche damassée et fleuronnée, avait la forme d'un long pennon se terminant par une ou deux pointes effilées. Le mot « Burgundia » s'y lisait en caractères dorés. On y voyait : deux arque-

Fig. 23. — Étendard du duc de Bourgogne pris par Jeanne Hachette.

buses croisées et entourées de flammèches rouges, saint Laurent tenant son gril, la devise du Téméraire *je l'ay emprins* (je l'ai entrepris), enfin, près de la hampe, deux écussons : le premier, surmonté d'un bonnet ducal et entouré du collier de la Toison d'or, portait : *une aigle éployée de sable en champ d'argent, avec un écu écartelé de France et de Castille ;* le second portait : *d'argent au lion de gueules couronné d'or.*

Les Bourguignons, voyant leur étendard aux mains

des assiégés, brisèrent la porte de Bresle à coups de canon. Mais ils rencontrèrent derrière un amas de planches, de poutres et de chevrons, auquel les gens de Beauvais avaient mis le feu, et ils ne purent aller plus loin. Le soir, Charles arriva avec le reste de ses troupes; il eut l'imprudence de ne pas investir complètement la place, et cette négligence permit à 1200 cavaliers de la garnison de Noyon d'entrer dans Beauvais par la rive méridionale du Thérain. Bientôt le maréchal Rouault arriva avec cent lances, et tout un corps d'armée, venant de Paris, de Senlis, de la Normandie, seconda les assiégés. Pendant dix jours, le Téméraire fit battre Beauvais en brèche; puis il résolut de tenter un assaut général, le 9 juillet. Après un avantage de peu d'importance, il fut repoussé, et le lendemain les gens de Beauvais, prenant l'offensive, tuèrent le sire d'Orson, grand-maître de l'artillerie bourguignonne : ils revinrent dans la ville avec un certain nombre de canons ennemis. Malgré sa défaite, Charles s'obstina à assiéger la place jusqu'au 22 juillet. A ce moment, il se retira sous prétexte d'aller venger sans retard la mort du duc de Guyenne.

Louis XI, par une ordonnance du mois de juin 1473, récompensa Beauvais de son courage. Il permit aux habitants d'acheter des fiefs nobles sans payer de redevances; il les exempta d'impôts et leur donna le droit de s'administrer d'après les lois de communes; les femmes du peuple purent se vêtir comme les dames nobles; enfin, une procession solennelle, dans laquelle les femmes marcheraient devant les hommes, fut instituée, et eut lieu le 27 juin de chaque année.

Quant à Jeanne Hachette, elle reçut des preuves particulières de la reconnaissance du roi. Une ordonnance, donnée à Senlis le 22 février 1474, en fait foi :

« Pour la considération de la bonne et vertueuse résistance qui fut faite l'année dernière passée par notre chière et amée Jeanne Laisné, fille de Matthieu Laisné, demeurant en notre ville de Beauvais, à l'encontre des Bourguignons, tellement que elle gaigna et retira devant elle ung estendard ou bannière desdits Bourguignons, ainsy que nous, estant derrenièrement en nostre dicte ville avons esté informé, nous avons, pour ces causes, en faveur du mariage d'elle et de Colin Pilon, conclu et accordé que lesdits Colin Pilon et Jeanne sa femme soient, leur vie durant, francs, quictes et exempts de toutes les tailles qui sont et seront d'ores en avant mises en sus, et aussy de guet et de garde-portes.

« Donné à Senlis, le 22 février, l'an de grâce 1474. »

XXII

Le siège de Grenade.

(1491.)

C'est au onzième siècle que commença véritablement la décadence des Maures d'Espagne. En 1084, ils perdirent Tolède; plus tard, Cordoue leur échappa, et en 1491, le royaume de Grenade ne se composait plus que de la ville du même nom et de quelques cités voisines.

Le premier usage qu'Yzabel ou Isabelle, reine de Castille, crut devoir faire de sa puissance, fut d'effacer toute trace de domination musulmane, et l'épouse de Fernando ou Ferdinand le Catholique profita des troubles qui agitaient Grenade pour attaquer le dernier boulevard de l'islamisme en Espagne. La prise de Grenade et la mort de Boabdil ou Abu-Abullah marque la fin de l'autorité musulmane dans la Péninsule.

Grenade, bâtie près de l'antique Illiberis, s'élève sur deux collines entre lesquelles coule le Darro. La sierra Elvira, au nord, était défendue par l'Alhambra; la sierra Nevada, au sud, était protégée par l'Albaycin et séparait la ville de la mer. 30 000 défenseurs se trouvaient dans Grenade.

Fernando parut devant la capitale des rois maures le 9 mai 1491, à la tête de 50 000 hommes. Au lieu d'attaquer Grenade, il mit tous ses soins à fortifier son camp et à garder tous les passages. L'espace compris entre le camp et la ville devint un champ clos où Maures et chrétiens rompaient continuellement des lances. Un jour que le marquis de Cadix s'était avancé tout près des remparts, non point pour engager la lutte, mais par pure curiosité, les Maures, lui supposant des intentions hostiles, firent une sortie et perdirent 2000 hommes.

Sur ces entrefaites, une suivante d'Yzabel, surprise par le sommeil, s'endormit sans avoir eu le temps d'éteindre une lumière : un incendie se déclara ; le feu se communiqua aux tentes voisines et une partie du camp brûla. Fernando, soupçonnant à tort une trahison, rangea ses troupes en bataille, mais les assiégés ne sortirent pas. Pour empêcher un pareil accident de se renouveler, Yzabel fit construire une véritable ville sur l'emplacement du camp. Tous les travaux de construction furent terminés en moins de trois mois, et la ville, bâtie en forme de croix, reçut le nom de *Santa-Fé (Sainte-Foi)*.

Les Maures, qui avaient compté sur l'hiver pour lasser la patience des chrétiens, virent que dès lors tout espoir de succès était inutile. En proie aux horreurs de la famine, ils n'essayèrent même pas de sortir, et au mois d'octobre 1491, après six mois de siège, Abu-Abullah se décida à capituler. Il envoya secrètement son grand-vizir discuter les conditions du traité, et Fernando se fit représenter aux conférences par Gonzalo de Cordova, si célèbre dans les guerres d'Italie. Marmol, dans son ouvrage sur la *Révolte des Maures*, donne les clauses de la convention qui fut signée entre les deux rois le 25 novembre :

1° Les Grenadins conservent leurs mosquées et le libre exercice de leur culte;

2° Ils continueront à être jugés par leurs magistrats;

3° Ils seront exempts de toute espèce d'impôts pendant trois ans;

4° Leurs propriétés sont garanties;

5° Boabdil aura en apanage un district des Alpujarras.

Lorsque cette capitulation fut connue, des troubles éclatèrent à Grenade. « Citoyens — s'écria un fanatique — vous êtes trahis. Le roi et tous les grands sont chrétiens de cœur. Armez-vous de courage et d'espérance, Allah et Mohammed vous sauveront par mon bras. Égorgeons les traîtres ! » A ces mots, la foule se précipite vers l'Alhambra. Boabdil paraît, harangue les rebelles et parvient à les calmer; mais, rempli de terreur, il offre à Fernando d'entrer dans la ville le 2 janvier 1492. Au jour fixé, le cardinal Mendoza vint prendre possession de l'Alhambra. Le roi d'Aragon ne voulut pas que le Maure lui baisât les mains; il le plaignit et l'embrassa en prenant les clefs de la ville, et les drapeaux chrétiens furent arborés sur les tours de la citadelle.

Boabdil sortit tristement de Grenade. Arrivé sur le mont Padul, d'où l'on découvre l'ancien séjour des rois maures, il s'écria : « O Dieu tout-puissant! » et se mit à pleurer. Mais la sultane Ayescha sa mère, qui l'accompagnait : « Tu fais bien — lui dit-elle — de pleurer comme une femme ce pays que tu n'as su défendre ni en homme ni en roi! ». — Cet endroit fut appelé le *Soupir du Maure*.

Maître de l'Alhambra, le cardinal entra dans Grenade.

L'armée s'agenouilla, chanta un hymne et fit une procession solennelle. Le 6 janvier 1492, Fernando et Yzabel entendirent la messe dans le palais de Boabdil. Celui-ci vendit bientôt à son vainqueur les biens qui lui avaient été donnés dans les Alpujarras; il passa en Afrique, et y mourut à la solde de l'émir de Fez.

XXIII

Le siège de Rhodes par Suleïman le Grand.

(1522.)

Suleïman le Grand, voulant établir un point de communication entre Constantinople et l'Égypte, résolut de faire la conquête de Rhodes. Avant de rien entreprendre, il adressa inutilement au grand-maître Villiers de l'Isle-Adam une lettre par laquelle il le sommait de se rendre, moyennant quoi les chevaliers de Saint-Jean conserveraient leurs biens et leur liberté.

Le 16 juin 1522, Suleïman se mit en route à la tête de 100 000 hommes, et deux jours après, la flotte Turque, forte de 300 voiles, appareilla de Constantinople pour Rhodes : elle débarqua dans l'île 10 000 soldats de marine sous les ordres de Mustapha-Pacha, qui attendit l'arrivée du sultan pour commencer les hostilités. Suleïman arriva le 28 juillet, et sa présence fut célébrée par une salve de l'artillerie ottomane, composée de 100 pièces de canon, dont 12 lançaient des boulets de onze palmes de circonférence. Il trouva les faubourgs incendiés, les constructions extérieures détruites, la campagne abandonnée par les paysans, qui étaient rentrés dans la ville pour travailler aux fortifications. Le port était barré par des chaînes. Les huit langues de l'Ordre (français, allemand, anglais, espagnol, portugais, italien, auvergnat, provençal) se partageaient la défense des principaux postes, et Villiers de l'Isle-Adam se tenait à la *Porte des Vainqueurs,* non loin de l'église Sainte-Marie. L'ingénieur vénitien Gabriel Martinengo dirigeait les opérations.

Ayaz-Pacha, béglerbeg (gouverneur) de Roumilie, attaqua le bastion allemand, le 1ᵉʳ août. Tout le mois fut employé par les Turcs en travaux de mines, par les chevaliers en travaux de contre-mines, et ce fut seulement le 4 septembre que les assiégeants, faisant sauter une partie du bastion anglais, s'emparèrent de sept étendards chrétiens. L'assaut, repoussé par Villiers de l'Isle-Adam, fut repris deux fois de suite en moins de dix jours, et les Turcs plantèrent sur le bastion cinq de leurs drapeaux. Un assaut général eut lieu le 24 septembre. « Demain, criaient les hérauts du sultan, demain il y aura assaut; la pierre et le territoire sont au padischah, le sang et les biens des habitants sont le butin des vainqueurs ! » Dès le point du jour, l'attaque commença. Les assiégés firent preuve d'un rare courage ; les femmes apportaient aux combattants des rafraîchissements et de la nourriture ou lançaient sur les Turcs des pierres du haut du rempart. 15 000 assaillants perdirent la vie dans les fossés ou sur la brèche, et tous les étendards ennemis restèrent entre les mains des chevaliers.

Suleïman rejeta la faute de cet échec sur les officiers supérieurs, auxquels il enleva le commandement. Ahmed-Pacha obtint la direction des travaux du siège, et Behrambeg prit le commandement de la flotte. Mais les efforts d'Ahmed ne furent pas plus heureux que ceux de son prédécesseur. Le 10 décembre 1522, les Turcs, qui avaient subi des pertes considérables, arborèrent le drapeau blanc et offrirent à Villiers de l'Isle-Adam une capitulation honorable, à la condition que la ville se rendrait huit jours après. Les chevaliers ayant demandé un plus long délai, Suleïman fit recommencer l'attaque et s'empara du bastion espagnol. Réduit à capituler, le

Fig. 24. — Rhodes à vol d'oiseau.

grand-maître envoya au sultan trois députés pour lui demander s'il voulait faire la paix. Dans un traité conclu le 21 décembre, il fut stipulé :

1° Que Villiers enverrait au camp, comme otages, vingt-cinq laïques et vingt cinq-chevaliers ;

2° Que des navires seraient mis à la disposition des chevaliers pour évacuer l'île dans un délai de douze jours ;

3° Que les églises seraient respectées ;

4° Que l'armée ottomane se retirerait à un mille de Rhodes.

Mais le matin du jour de Noël, les janissaires, violant le traité, entrèrent dans la ville, dévastèrent les maisons, pillèrent l'église Saint-Jean et traînèrent dans la boue les objets sacrés. Le lendemain (26 décembre), Villiers de l'Isle-Adam eut une entrevue avec le sultan, qui le consola de son mieux et lui rendit sa visite deux jours après. Avant de quitter Rhodes, le 1er janvier 1523, le grand-maître vint baiser les mains de Suleïman et lui offrir quatre vases d'or. « Ce n'est pas sans en être peiné — disait le sultan à son favori — que je force ce chrétien à abandonner dans sa vieillesse sa maison et ses biens ! » A minuit, Villiers de l'Isle-Adam s'embarqua pour l'Europe.

XXIV

Le siège de Rome par Charles de Bourbon.

(1527.)

Le traité de Madrid, conclu en 1526 entre François Ier et Charles-Quint, avait réintégré dans ses biens le connétable de Bourbon. Mais les États de Bourgogne déclarèrent que le roi n'avait pas le droit d'aliéner cette province, la guerre recommença, et Bourbon conduisit en Italie une armée hispano-allemande. Il passa le Pô et les Apennins et marcha sur Rome à tire d'aile. Le pape n'était pas encore averti de l'approche des troupes ennemies, lorsque l'assaut fut donné à la ville éternelle. Voici comment le célèbre Benvenuto Cellini, qui combattait sur les remparts, raconte cet événement :

« Toute la ville prit les armes : nous nous dirigeâmes alors le long des murs du Campo-Santo et nous y vîmes cette prodigieuse armée qui faisait tous ses efforts pour entrer. A la partie de la muraille dont nous nous approchâmes, on rencontrait beaucoup de corps de jeunes gens tués par ceux du dehors. Il régnait un brouillard épais.... Ayant tourné mon arquebuse là où je distinguais un groupe de soldats plus serré, je visai un personnage qui était plus élevé que les autres. Le brouillard ne me permettait pas de m'assurer s'il était à cheval ou à pied. Ayant ensuite regardé Alexandre et Cecchino (compagnons de Cellini), je leur dis de décharger leur arquebuse, et je leur enseignai la manière de se placer pour ne pas attraper un coup des ennemis. Ayant tous les trois tiré, chacun deux coups, je regardai au-dessus du mur avec précaution et je remarquai parmi les assaillants un grand tumulte, parce qu'un de nos coups avait tué Bourbon; et ce fut le premier que je vis relever par les autres, comme on le vit clairement ensuite. »

Le connétable avait en effet planté le premier une échelle contre les remparts, et une balle d'arquebuse lui avait fait une blessure dont il mourut (6 mai 1527). Philibert de Châlons, prince d'Orange, prit alors le commandement. Les soldats, irrités de la mort de leur chef, continuèrent l'assaut avec une incroyable énergie et ils se rendirent maîtres de la ville, où ils commirent les plus déplorables excès pendant huit jours. Les maisons furent brûlées, les églises violées, la chapelle du pape et les basiliques de Saint-Pierre et de Saint-Paul transformées en écuries; et pendant que les Espagnols tourmentaient la population romaine, les Allemands luthériens promenaient les prélats sur des ânes et tournaient en dérision les pratiques des catholiques. « Dans ce long pillage, dit M. Mignet, les soldats de chaque pays se comportèrent suivant les habitudes de leur race : les Espagnols se montrèrent avares et cruels; les Allemands avides et emportés, les Italiens cupides et raffinés. »

Le pape Clément VII s'était réfugié dans le château Saint-Ange. Le duc d'Urbin, général de la Ligue italienne, ne lui porta pas secours, et il fut obligé de se rendre au prince d'Orange. Il prit l'engagement de payer 400 000 ducats et de se conformer aux décisions de l'empereur. Charles-Quint poussa la fourberie jusqu'à ordonner des prières pour la délivrance du pape, prisonnier de ses propres soldats !

Les historiens italiens racontent une curieuse légende à propos de la prise de Rome. Un vieil ermite, huit jours avant le siège, parcourut de nuit les rues en agitant une sonnette et en prédisant la ruine de la ville. Interrogé par le gouverneur et par le pape, il ne répondit que ces mots : « La colère de Dieu va bientôt s'abattre sur cette ville ! » Le prince d'Orange lui rendit la liberté, et il disparut sans qu'on pût jamais le retrouver.

XXV

Le siège de Metz par Charles-Quint.

(1552-1553.)

Henri II, voyant Charles-Quint occupé de querelles religieuses, avait saisi cette occasion pour s'emparer des évêchés lorrains de Metz, de Toul et de Verdun. Lorsqu'il sut que l'empereur se préparait à chasser les Français des *Trois-Évêchés*, il chargea le duc François de Guise de venir à Metz et d'y organiser la défense (17 août 1552).

Metz, protégée de trois côtés par la Moselle et la Seille, n'était nullement fortifiée du côté du sud. Pendant deux mois, le Florentin Pietro Strozzi, le Français Saint-Rémi et l'Italien Camillo Marini ouvrirent des tranchées, élevèrent des retranchements, rasèrent les faubourgs, et à l'approche de Charles-Quint, François de Guise fit sortir de la ville tous les habitants, à l'exception des prêtres et de 2000 ouvriers qu'il utilisa dans les travaux de défense. Le duc d'Albe et le marquis de Marignan, lieutenant de Charles-Quint, vinrent, le 19 octobre, camper à l'est, entre la Seille et la Moselle. Ils furent rejoints par les troupes des Pays-Bas, par les mercenaires de la basse Allemagne, et par le margrave Albert de Brandebourg, qui, d'abord ami du roi de France, venait

Fig. 25. — Le siège de Metz commença à traîner en longueur

de s'allier avec l'empereur, et qui se plaça à l'ouest de la ville. L'armée assiégeante comptait en tout 60 000 hommes.

Les officiers de Charles lui conseillaient de sommer Metz de se rendre avant de la bombarder : « François de Guise ne s'est pas enfermé dans la ville avec la fleur de la noblesse française pour capituler », leur répondit-il. Et les opérations du siège furent menées avec une ardeur incroyable; *on oyait le son* (du canon) *de quatre lieues par delà le Rhin.* Mais, quand une muraille était ruinée, un boulevard de terre ou de bois s'élevait derrière comme par enchantement ; les assiégés faisaient d'heureuses sorties ; Metz, en un mot, résistait vaillamment aux efforts des Impériaux. Toutefois, le duc de Guise pensa avec raison que les moyens de résistance dont il disposait n'étaient pas suffisants pour arrêter longtemps les progrès de l'ennemi. Il eut donc recours à la ruse et fit adroitement parvenir dans le camp de son rival une lettre, adressée à Henri II, dans laquelle il apprenait au roi qu'il ne craignait plus les Espagnols depuis que ceux-ci portaient tous leurs efforts du côté où la muraille était plus forte que partout ailleurs. Les assiégeants se laissèrent prendre au piège. Ils changèrent leur tir, croyant le rectifier, et traînèrent ainsi le siège en longueur. Charles-Quint, infirme, se fit porter sous les murs de la ville. « Comment, plaies de Dieu ! s'écria-t-il bouillant de colère. N'entre-t-on point là-dedans? La brèche est si grande et si à fleur de fossé ! Vertu de Dieu, à quoi tient-il ? » Ses officiers lui répondirent qu'il ne suffisait pas de s'élancer par la brèche, mais qu'il y avait par derrière des retranchments garnis d'artillerie et défendus par 10 000 braves. « Ah! dit l'empereur, je vois bien que je n'ai plus d'hommes. Il me faut dire adieu à l'empire, à toutes mes entreprises et au monde, et me confiner en quelque monastère, car je suis vendu et trahi ou pour le moins aussi mal servi que monarque saurait être; et par la mort Dieu! devant trois ans je me rendrai cordelier! » En outre les maladies, le froid, la fonte des neiges, décimaient l'armée assiégeante, qui se trouva réduite d'un bon tiers, et Charles-Quint désespéré leva

Fig. 26. — Médaille commémorative du siège de Metz.

le siège le 1ᵉʳ janvier 1553. Son armée le suivit de près, abandonnant son artillerie, ses munitions, ses tentes. François de Guise, humain et généreux, fit secourir les malades qui se trouvaient délaissés dans le parc de siège, et la « *Courtoisie de Metz* » passa en proverbe.

Parmi les médailles qui furent frappées à l'occasion du succès de l'armée française, l'une représentait la devise de l'empereur (les colonnes d'Hercule et le mot *ultra*). Mais on avait eu soin de graver un aigle enchaîné aux colonnes d'Hercule et l'inscription : *Non ultra metas*. Comme *Metas* désigne à la fois les colonnes et la ville de Metz, il résultait de là une équivoque humiliante pour Charles-Quint[1].

---

[1] Au lieu de reproduire cette médaille, qui est très connue, nous préférons en donner une autre, dont le dessin a été fait à la Bibliothèque Nationale.

XXVI

Les sièges de Paris par Henri IV.

(1589-1590.)

Henri III n'avait pas d'enfants. Le trône revenait donc de droit aux princes de la maison de Bourbon, qui avait alors pour chef Henri de Navarre. Par malheur, le prétendant était hérétique, et les ligueurs ne voulaient pas entendre parler d'un souverain protestant. Le roi proposa d'abord à Henri de Navarre de s'allier à lui, s'il voulait se faire catholique, mais, sur le refus du Béarnais, il se rapprocha d'Henri de Guise, qui venait de signer avec Philippe II d'Espagne le traité de Joinville (1584), par lequel les contractants s'engageaient à détruire l'hérésie de quelque manière que ce fût. La défaite de l'armée royale à Coutras (1586), les troubles soulevés à Paris par l'arrivée du duc de Guise (1588), lassèrent Henri III, qui se rendit à Blois, où il convoqua les états généraux et fit assassiner les Guises. Aussitôt les ligueurs donnèrent le commandement de la capitale au duc d'Aumale, et la Sorbonne délia le peuple de son serment de fidélité au roi de France. Ces mesures eurent pour effet de rapprocher Henri III du roi de Navarre, et le 30 juillet 1589 les alliés arrivèrent en vue de Paris, dont ils entreprirent le siège.

Mayenne, malgré ses qualités, n'avait pas l'impétuosité, la fougue nécessaire pour entraîner une population abattue, découragée. Des moines gardaient presque seuls les remparts, mal défendus par 9000 soldats pour la plupart étrangers, et c'est seulement dans les cloîtres que l'on trouvait, sinon le courage, du moins une exaltation fanatique capable d'en tenir lieu. L'assaut, décidé pour le 2 août, devait donc vraisemblablement, réussir. Mais le religieux Jacques Clément, encouragé par un songe et par les exhortations de ses supérieurs, se rendit le 31 juillet, muni d'une fausse lettre pour Henri III, au quartier général de l'armée assiégeante. Il prétendit avoir une communication secrète à faire au roi, et, lorsqu'il se trouva seul avec Henri III, il lui enfonça un couteau dans le ventre.

Le moribond fit promettre aux seigneurs catholiques de son armée d'obéir à son frère de Navarre. En dépit de leur serment, beaucoup s'enfuirent, et Henri IV, voyant ses forces considérablement diminuées, se retira en Normandie. Poursuivi par Mayenne, il vint s'établir sur la colline d'Arques, où le chef des ligueurs fut vaincu deux fois. Cette victoire lui assura la soumission d'un grand nombre de *politiques*. Aussi, lorsque Mayenne l'attaqua à Ivry (14 mars 1590), les ligueurs furent encore défaits et Henri IV se dirigea vers Paris, dont il entreprit le siège pour la seconde fois (7 mai 1590). Une fois maître des postes compris entre Saint-Cloud et Charenton, il essaya de prendre d'assaut les faubourgs Saint-Denis et Saint-Martin, mais il échoua dans cette tentative.

Paris avait pour gouverneur le duc de Nemours, frère de Mayenne, aussi habile dans les choses de la guerre que fier et ambitieux. La direction des affaires civiles avait été confiée à Pierre d'Espinac, archevêque de Lyon. Les compagnies bourgeoises se préparaient bravement à la résistance; les prédicateurs et les *confrères du nom de Jésus* encourageaient les Parisiens à la lutte; 65 canons protégeaient les murailles, et la Seine avait été barrée par des chaînes au-dessus et au-dessous des ponts; le duc de Nemours avait pourvu la ville de vivres, réparé les points faibles des remparts, rasé les maisons trop voisines des fossés. Le 9 mai, Nemours apprit aux assiégés la mort du cardinal de Bourbon. A cette occasion eut lieu à Notre-Dame une cérémonie après laquelle on jura de ne pas traiter avec Henri de Navarre, et qui fut suivie d'une procession composée de 1300 moines ou écoliers. En tête marchaient Guillaume Rose, évêque de Senlis, et le prieur des Chartreux; ils portaient d'une main un crucifix, de l'autre une pique. Entre chaque ordre de religieux, on avait placé un corps d'écoliers. Lorsque cette procession arriva sur le Petit-Pont, elle rencontra Cajetan dans son carrosse et demanda au légat sa bénédiction. Quelques exaltés firent, en honneur de Cajetan, une décharge de mousqueterie : un officier du représentant du pape ayant été tué par maladresse, on eut l'air d'envier son sort et de trouver cet infortuné bien heureux d'être mort « dans une si sainte action. » Quelques jours après, Claude de Lorraine, chevalier d'Aumale, chassa les assiégeants de l'abbaye Saint-Antoine, et le 1er juin, Vitry les obligea à évacuer le faubourg Saint-Marceau.

Cependant, comme le cardinal de Bourbon était mort, on craignit que le roi d'Espagne ne revendiquât pour sa fille le trône de France. Pierre d'Espinac, soutenu ouvertement par les plus notables ligueurs, secrètement par la haute bourgeoisie et une partie du Parlement, résolut donc de se rendre à Laon et d'y examiner avec Mayenne les possibilités d'un rapprochement; mais Henri IV, doutant de la bonne foi de l'archevêque de Lyon, révoqua le passeport qu'il lui avait primitivement accordé; et se mit à bombarder Paris du haut des buttes Montmartre.

Dans la ville, la famine commençait à se faire sentir. On n'avait plus ni pain ni avoine. Une perquisition faite dans les couvents amena la découverte d'une quantité de vivres assez forte pour subvenir aux besoins des assiégés pendant plus de quinze jours. « Ces quinze jours passèrent, dit M. Henri Martin. On touchait au milieu de juillet. Mayenne promettait secours pour la fin du mois; toutes céréales et toutes viandes avaient disparu des marchés; on avait mangé chevaux et mulets, chiens et chats; les légumes et les herbes des jardins et des faubourgs atteignirent à leur tour des prix exorbitants; des milliers de malheureux, hâves et décharnés, se traînaient le long des murailles pour arracher l'herbe d'entre les pavés, ou chercher dans les ruisseaux les débris les plus immondes. On en voyait tomber d'inanition et ne plus se relever. On imagina des aliments monstrueux, impossibles. On pila des ardoises délayées dans de l'eau. On broya les ossements humains des charniers pour les réduire en farine. Tous ceux qui en goûtèrent moururent. La famine entrait jusque dans les maisons des princes. Une dame fort riche essaya de manger ses deux petits enfants morts de faim; elle expira avant d'avoir achevé cet horrible repas.... On apercevait, des faubourgs, les blés mûrs dans la plaine de Paris. Une foule de pauvres gens, hommes, femmes et enfants, enragés de faim, sortirent désespérément pour aller faucher, sous les balles des soldats du roi, des moissons arrosées de leur sang. »

Dans la nuit du 24 juillet, les troupes assiégeantes donnèrent un assaut général et prirent possession des faubourgs. Le désespoir fut grand dans la ville : les affamés demandaient « du pain ou la paix », et lorsqu'on sut que le duc de Parme ne pourrait réunir ses forces à celles de Mayenne pour secourir Paris, on fut bien obligé de cesser toute résistance. Pierre d'Espinac et l'évêque de Paris eurent, dans l'abbaye Saint-Antoine, une conférence avec Henri IV. Celui-ci ne voulut point leur accorder de passeport pour qu'ils se rendissent auprès de Mayenne, mais il leur proposa de signer une capitulation honorable « aux termes de laquelle Paris ouvrirait ses portes sous huit jours, si d'ici là il n'était secouru, ou si la paix n'était pas faite ». Les deux prêtres ne voulurent pas prendre sur eux une aussi lourde responsabilité : ils rentrèrent donc dans Paris qui, malgré une manifestation des *politiques*, ne se rendit pas et tint bon pendant tout le mois d'août. Il est vrai qu'Henri avait laissé sortir, le 20 août, les femmes, les écoliers et les enfants.

A ce moment, Henri IV apprit que le duc de Parme venait d'entrer en France. Il renoua avec la Ligue des négociations qui n'aboutirent pas ; et le 23 août, voyant que le duc avait opéré sa jonction avec Mayenne, il leva le siège et se replia sur la Normandie (30 août). Lorsque les sentinelles s'aperçurent que les assiégeants avaient disparu, une grande joie éclata dans la ville. On se précipita vers les murailles, on se jeta sur les premiers aliments qui se présentèrent, et beaucoup moururent en chemin.

Le dimanche suivant, quelques détachements des troupes royales, commandés par Châtillon, essayèrent d'escalader les murailles du côté du faubourg Saint-Marcel, mais ils furent repoussés par les jésuites. Enfin, le 20 janvier 1591, 60 capitaines, habillés en meuniers et suivis d'environ 2000 hommes, se présentèrent à la porte Saint-Honoré, dans l'espoir que les soldats pourraient entrer dans Paris à leur suite. Le roi lui-même se tenait à l'entrée du faubourg, avec les ducs d'Epernon, de Nevers et de Longueville. Malheureusement, le capitaine de Tremblecour, qui se tenait sur ses gardes, n'ouvrit pas la porte aux faux paysans, et le Béarnais revint à Senlis pendant que les Parisiens, en mémoire de cette journée, instituaient la *Fête des Farines*, qui fut célébrée effectivement jusqu'à l'avènement définitif d'Henri IV.

Pendant que l'armée ennemie s'emparait de Lagny et que Corbeil tombait aux mains du duc de Parme, le Béarnais allait assiéger Rouen. Si le siège de cette ville ne put être continué, Henri vainquit du moins son ennemi à Yvetot. Il tenait déjà les petites places voisines de la capitale, qu'il serrait aussi d'assez près : tous, dans Paris, étaient fatigués d'une situation pareille. Henri avait jusque-là éloigné l'idée de se convertir au catholicisme, mais, dans la crainte que l'on ne donnât la couronne au cardinal de Bourbon, il n'hésita plus et jura l'extermination des hérétiques (25 juillet 1593).

Enfin, le 22 mars 1594, Brissac livra Paris au Béarnais et reçut en récompense le bâton de maréchal et 200,000 livres.

XXVII

Le siège de La Rochelle.

(1627-1628.)

Le siège de La Rochelle est un des plus illustres que l'histoire ait enregistrés. Le but de Richelieu n'était pas seulement de prendre une ville à l'ennemi, comme dans une guerre étrangère; le cardinal-ministre voulait avant tout en finir avec le protestantisme et ruiner à jamais la vieille république rochelaise. Les Rochelais firent un effort suprême, sentant bien que, s'ils étaient vaincus, c'en était fait de leur liberté : aussi puisèrent-ils dans leur foi et dans leur amour de l'indépendance un héroïsme digne des temps antiques. Lorsque Buckingham, qui les poussait à la rébellion, les eut abandonnés à leurs propres ressources, loin de perdre courage, ils se relevèrent plus braves que jamais; et, de même que le serpent se tord sous le pied qui l'écrase, de même ils se débattirent avec l'énergie du désespoir sous le poids de forces tellement grandes que le succès n'était plus possible sans le secours de l'Angleterre. Ils savaient qu'ils étaient perdus, mais ils aimaient mieux mourir que de se rendre : ils avaient fait un pas en avant, ils ne se croyaient plus permis de reculer.

Le type de cet héroïsme, de cette résistance *quand*

même, fut le maire Jean Guiton, Sr de Repose-Pucelle, amiral de la flotte rochelaise en 1622 et en 1625. En acceptant la mairie, au moment le plus critique de la lutte, il s'était écrié, un poignard à la main : « J'en frapperai le premier qui parlera de se rendre ! » et il avait demandé qu'on l'en frappât lui-même, s'il prononçait jamais le mot « capitulation ». On a dit que ces paroles ne sont pas authentiques, mais, à défaut d'autre preuve, la conduite de Guiton jusqu'à la fin du siège suffirait à les justifier.

Le 28 avril 1627, le roi d'Angleterre avait interdit toute transaction commerciale entre ses sujets et la France. Louis XIII avait riposté par une décision réciproque, et il avait donné à Toiras, gouverneur de l'Aunis, l'ordre de fortifier à la hâte l'île de Ré, pour tenir en respect La Rochelle, refuge des protestants. Buckingham arriva bientôt dans le pertuis Breton, pendant que Charles, duc d'Angoulême, se tenait près de Marans avec une armée royale. Les Rochelais, menacés dans leurs libertés, crurent pouvoir les sauver à l'aide de l'Angleterre, mais sans aliéner leur indépendance au profit des Anglais. Ils étaient en train de célébrer un jeûne solennel, lorsque le maire Godeffroy fut averti que Beker, secrétaire de Buckingham, demandait à l'entretenir. Pour ne pas interrompre la solennité religieuse, Godeffroy ne reçut le messager que le lendemain. Celui-ci exposa au maire les raisons qui avaient déterminé son maître à faire une descente sur les côtes de France : les Huguenots étaient froissés dans leur liberté de conscience. En dépit des traités, le Fort-Louis subsistait toujours, et il fallait sans retard exiger la démolition de cette citadelle qui dominait La Rochelle et s'opposait à sa sécurité. Ces ouvertures furent froidement accueillies. Chacun savait que Buckingham agissait dans ses intérêts propres, qu'il voulait surtout se réhabiliter aux yeux de ses compatriotes, et qu'en somme les Anglais, maîtres de l'île de Ré, inquiéteraient La Rochelle tout autant que le roi de France. Il fut donc répondu à Beker que l'on ne pouvait prendre aucune résolution sans l'assentiment du parti huguenot tout entier. Bien plus, Soubise, qui avait quitté La Rochelle depuis trois ans, eut beaucoup de peine à se faire recevoir dans la ville : il fallut que madame de Rohan vînt prendre son fils par la main pour que Godeffroy consentît à lui laisser franchir les murs. Des députés furent immédiatement envoyés à Marans pour dire au duc d'Angoulême que, malgré l'arrivée de Soubise, les Rochelais continueraient d'être les fidèles sujets du roi. Mais, au lieu de se contenter de ces protestations de dévouement, Louis XIII, dans un manifeste, condamna aussitôt Soubise et ses amis. Le duc d'Angoulême s'approcha de La Rochelle et, sous le prétexte de repousser les Anglais, fit construire les forts de la Moulinette et de Coureilles. Immédiatement, les Rochelais répondirent à cet acte d'hostilité en élevant, près du faubourg actuel de Tasdon, le fort du Fourneau, et en décrétant que tous les citoyens absents qui ne seraient pas revenus dans huit jours auraient leurs maisons rasées ou vendues. La situation devenait donc de jour en jour plus critique. Il ne fallait désormais qu'une occasion pour faire éclater la guerre, et cette occasion, le duc d'Angoulême la fournit.

Un des officiers de Charles, Cominge, sieur de Guitaut, était venu faire des remontrances au maire. Le corps de ville avait répondu qu'il était tout disposé à se déclarer contre l'Angleterre, mais à la condition que le Fort-Louis fût, en attendant sa démolition, confié à la garde de Laforce, de la Trémoïlle ou même de Châtillon, dont les sentiments amicaux et pacifiques ne pouvaient être mis en doute. Le duc, apprenant cette réponse, feignit une violente colère, et commença aussitôt un ouvrage entre le Fort-Louis et la Porte des Deux-Moulins. Ce fut le signal de la lutte : La Rochelle protesta et Tessereau fit tirer le canon sur les manœuvres.

Au début des hostilités, Monsieur, frère du roi, fut repoussé devant le fort de Tasdon. Des « boulets à feu » lancés sur la ville causèrent peu de dommage aux maisons, dont la toiture avait été dégarnie de matières inflammables, et couverte de peaux de bœuf mouillées ou de baquets remplis d'eau. Sur ces entrefaites, les Rochelais établirent une chambre haute pour juger les délits de guerre, prononcèrent l'interdiction du culte catholique, s'emparèrent des deniers ecclésiastiques, et firent fondre des couleuvrines en toute hâte. Au milieu de ces préparatifs, ils apprirent que l'île de Ré était ravitaillée, que le roi venait d'arriver à Aytré (12 octobre 1827), mais aussi que Rohan était parvenu à former une armée de 7000 hommes dans le Languedoc. Ils décidèrent Buckingham à prendre le commandement en chef des troupes en campagne, s'engageant en retour à lui fournir des vivres et des hommes. Ces conditions furent stipulées dans un traité signé le 13 octobre, et en vertu duquel les Rochelais conservaient le droit d'avoir deux voix délibératives dans tous les conseils tenus par le favori du roi d'Angleterre. Puis, par un manifeste justificatif, les Rochelais déclarèrent qu'ils s'étaient donnés à Charles V, que Louis XI à genoux devant leur maire avait juré de sauvegarder leurs privilèges, et que depuis toutes les promesses qu'on leur avait faites n'avaient jamais été tenues. Ils étaient donc en droit de se plaindre, et aujourd'hui ils devaient se défendre, puisqu'on en voulait à leurs libertés. Ils terminaient en s'avouant bien haut les fidèles sujets du roi.

Buckingham, ennuyé de la perspective d'un long siège, partit pour l'Angleterre, emmenant avec lui Soubise et quelques députés Rochelais (Vincent, David, Dehinsse). Pour les assiégés, la victoire était une question de temps; Buckingham, lié à eux par la convention du 13 octobre, viendrait aisément à bout de la flotte royale et des vaisseaux que le roi d'Espagne avait envoyés à Richelieu. Le cardinal, qui se savait des ennemis dans sa propre armée et qui prévoyait le départ de l'impatient Louis XIII, ne comptait que sur lui. Voyant les choses traîner en longueur, il se résigna aux lenteurs d'un blocus. Treize forts entourèrent la ville, et l'italien Pompée Targon commença la construction de la digue. Cet immense travail, dont les restes subsistent encore, fut achevé par Thériot, maître maçon de Paris, et Métezeau, architecte du roi. « De vieux navires chargés de pierres et de cailloux — dit un historien rochelais — furent coulés et servirent à élever, au milieu d'une mer souvent orageuse, ce rempart de quatre toises (7 m. 80) de large sur la plate-forme, mais qui à cause des talus, beaucoup plus considérables du côté de la mer que du côté de la ville, en avait au fond de dix-sept à dix-huit (33 à 35 mètres). Ces matériaux informes étaient liés de deux en deux toises par des assemblages de poutres et de grosses sablières, entre-croisés en arcs-boutants et revêtus de parements en

Fig. 27. — Siège de La Rochelle. — La digue.

grosses pierres de taille carrées. Deux masses ainsi formées s'avançaient l'une vers l'autre, ne laissant entre elles qu'un goulet oblique de trente toises (58 mètres), fermé par une chaîne, embarrassé par des pieux, des assemblages de pièces de bois nommés *chandeliers*, gardé par des bâtiments amarrés entre eux. Cette estacade était pour ainsi dire doublée par une rangée de navires flottant à l'ancre, armés d'éperons, munis de canons. »

Ces préparatifs n'effrayèrent point La Rochelle, et les chroniqueurs enregistrent chaque jour de nouveaux actes de bravoure. Le 30 décembre, une barque entre dans le port chargée de vin de Bordeaux ; — le 12 janvier (1628), après une violente escarmouche, soixante bœufs sont introduits dans la ville ; — le 28, des éclaireurs s'emparent du marquis de Feuquières, et peu s'en faut que le duc d'Angoulême ne soit pris avec Schomberg. Enfin, deux bateaux, revenant d'Angleterre, traversaient le goulet de la digue et, malgré les canons, arrivaient à La Rochelle : le premier, commandé par David, faillit être atteint par les galiotes du cardinal ; le second, commandé par Sacremore, échoua entre les forts de Tasdon et de Coureilles ; mais les quatorze matelots qui composaient l'équipage opposèrent à l'ennemi une vigoureuse résistance, pendant que les dépêches des alliés étaient portées au maire à travers les vases. On récompensa Sacremore et ses compagnons, et on donna à David une chaîne d'or aux armes du maire.

Tant d'enthousiasme aveugla les Rochelais. Leur fierté augmenta en même temps que leurs espérances, et, comptant sur la prochaine arrivée de Buckingham, ils repoussèrent dédaigneusement les propositions de paix qui leur furent soumises le 25 avril 1628. Ils trouvèrent même que Godeffroy était un maire trop pacifique, et ce fut avec joie qu'ils confièrent l'administration de la ville au belliqueux Guiton. En prononçant les paroles héroïques que l'on connaît, l'ancien amiral frappa de son poignard la table de marbre qui se trouvait devant lui, et les Rochelais montrent encore avec orgueil la marque du poignard, dont la lame fit sauter un éclat du marbre. Le 11 mai, une flotte anglaise commandée par Dembigh, beau-frère de Buckingham, arriva en vue de la ville, mais elle repartit sans avoir attaqué les troupes françaises. Les Rochelais s'étonnèrent. La Grossetière et Gobert, franchissant la digue, arrivent près du roi Charles et obtiennent cette fois les promesses les plus brillantes. Bien souvent, des négociations entre les assiégés et les assiégeants avaient été entreprises, mais les huguenots voulaient traiter, non se soumettre, et les négociations avaient échoué. Le 7 juillet, Richelieu fit savoir aux Rochelais qu'ils auraient la vie sauve, s'ils se rendaient avant trois jours : la proposition fut aussi fièrement accueillie que les précédentes. En ce temps, il se passa un fait qui mérite les plus grands éloges. Un fanatique avait proposé au corps de ville d'assassiner Richelieu. Guiton refusa net ; le pasteur Salbert s'écria que, « si Dieu voulait les délivrer, ce ne serait pas par un crime ». Et pourtant les Rochelais ne comptaient plus sur l'Angleterre, et ils étaient entourés de traîtres, et ils n'avaient déjà plus de vivres, et les femmes allaient prendre des coquillages sous la digue, au risque d'être tuées par les soldats. On s'indigna à la pensée d'un crime, ce crime dût-il être le salut ; on continua de repousser les offres de soumission qui furent faites en grand nombre pendant les mois d'août et de septembre 1638.

Il est impossible de lire sans émotion le récit des souffrances qu'éprouvèrent alors les assiégés. Chacun avait installé sur sa fenêtre une sorte de petit jardin et mangeait la verdure qu'il y faisait venir. On fit une gelée avec des peaux d'animaux, raclées et bouillies ; on se nourrit de cuirs, de parchemins. On but, en guise de vin, un mélange de sirop et de vinaigre que les contemporains appellent *tambonne*. La mortalité devenait de plus en plus considérable ; les cadavres jonchaient les rues, et plusieurs ne craignirent pas de s'en nourrir. Des plaintes commencèrent à s'élever ; Guiton, l'inflexible marin, passa près de quelques jaloux pour vivre dans l'abondance ; le présidial ourdit même un complot contre lui. Cette conspiration fut découverte : le maire menaça encore de la mort ceux qui parleraient de se rendre ; il interdit toute réunion, et ne sortit plus qu'armé et escorté. Le corps de ville fit garder les abords de sa maison.

Le meurtre de Buckingham ne découragea personne. On pensa qu'un amiral moins frivole rendrait plus de services, et la joie fut grande lorsque apparut la flotte anglaise. Lord Lindsey, qui la commandait, tira quelques coups de canon et lança quelques brûlots sur la flotte royale, mais ces attaques mal dirigées, volontairement sans doute, n'amenèrent aucun résultat. Grande fut la surprise des Rochelais, lorsqu'ils aperçurent du haut des tours des barques se rendant continuellement d'une flotte à l'autre, et lorsqu'ils surent que des négociations étaient entamées entre Richelieu et les Anglais. Cependant, la famine croissait toujours : « Par les rues —

dit le chroniqueur Mervault — on entendait à toute heure des cris et des gémissements effroyables : mais ce n'était que de ceux qui s'ôtaient le pain les uns aux autres ; car pour les morts on ne s'amusait point à les pleurer. »
On se plaignait auprès de Guiton ; on lui montrait les cadavres, mais il répondait : « Il faudra bien que vous et moi en venions là », ou bien : « Il suffit qu'il en reste un pour fermer les portes. » Pourtant, les assiégés n'avaient plus la force de porter les armes. Des lettres de Soubise, leur apprenant que l'Angleterre abandonnait leur cause, les anéantirent tout à fait, et le 25 octobre, à dix heures du soir, le sieur Seignette tirait sur les ennemis le dernier coup de fusil.

Guiton vit bien qu'on n'avait plus qu'à se soumettre. La défaite cette fois était inévitable ; il n'y avait plus rien à manger dans la ville ; de 28 000 individus, vivants au commencement du siège, il n'en restait plus que 6000, et plutôt que de continuer une inutile et puérile résistance, il engagea ses concitoyens à se résigner. Richelieu répondit aux envoyés qu'ils devraient demander pardon au roi de leur révolte, et le 30 octobre les troupes royales entrèrent dans la ville. Guiton voulut aller au-devant du cardinal avec le cortège ordinaire, mais on lui ordonna de laisser ses insignes et on lui dit que désormais il n'y aurait plus de maire à La Rochelle. Les rues furent débarrassées des cadavres qui les obstruaient, des vivres furent distribués aux affamés, et le lendemain, Louis XIII entendit les vêpres à l'église Sainte-Marguerite. Il fut reçu par les pères de l'Oratoire et par Henri d'*Escoubleau* de Sourdis, évêque de Maillezais.

Immédiatement, La Grossetière fut décapité ; mesdames de Rohan, enfermées au château de Niort ; douze citoyens, entre autres Guiton, exilés pour six mois. Une déclaration du roi, relative à la situation future de la ville, se composait de 26 articles, dont voici quelques extraits :

— La religion catholique est rétablie ; les églises seront réédifiées ; .... il sera érigé sur la place du Château une croix, avec une inscription commémorative de la reddition de la ville, qui sera célébrée chaque année, le 1er novembre, par une grande procession (art. 1 — 8).

— Amnistie complète aux habitants et aux autres Français qui ont combattu avec eux (art. 10 — 12).

— La mairie, l'ordre des pairs, l'ordre des bourgeois, sont à jamais abolis ; la cloche de l'échevinage sera fondue ; tous les privilèges de la ville sont révoqués et abolis (art. 13 — 14).

— Nul ne pourra venir habiter La Rochelle sans une permission expresse du roi, et cette permission ne sera donnée à aucun homme étranger à la religion catholique, s'il n'a habité la ville avant la descente des Anglais (art. 23 — 24).

— Nul habitant de La Rochelle n'aura d'armes chez lui (art. 25).

. . . .

Le siège de La Rochelle eut un incroyable retentissement, et les écrivains, prosateurs ou poètes, le célébrèrent pendant deux ans dans toute la France. A bien réfléchir, cet événement avait une immense portée, à ce point que certains historiens ont affirmé qu'il constitue définitivement l'unité française. La chute de La

Rochelle, en effet, ne marquait pas seulement la mort des protestants en tant que parti politique : elle anéantissait aussi la dernière commune de France, la seule ville qui osât encore parler de ses privilèges et les invoquer quelquefois. Ces privilèges, exceptionnellement reconnus, gênaient Richelieu dans ses prétentions. En assiégeant La Rochelle, il songeait moins à débarrasser de ses adversaires le parti catholique qu'à sup-

Fig 28. — Médaille commémorative du siège de La Rochelle.

primer un état de choses qui nuisait à la marche progressive du pouvoir.

Les Rochelais, eux, regardaient ces privilèges comme légitimes, croyant à juste titre les avoir dignement acquis. Et de fait, ils avaient plus d'une fois rendu de grands services à la France. Ils se rappelaient que pendant la guerre de Cent Ans leurs ancêtres avaient donné asile au Dauphin Charles, lui sacrifiant généreusement leur argent et leur vie. Grâce à leurs capitaines, Charles VII avait conservé le denier port qui restait à la monarchie, et c'est en échange de tant de services qu'ils avaient si longtemps joui de ces franchises que Richelieu ne toléra plus.

Les rares assiégés qui survécurent à la catastrophe transmirent à leurs descendants cet amour de l'indépendance qui causa leur ruine, et l'on peut dire avec confiance qu'il n'est pas d'homme plus fier, plus jaloux de sa liberté, qu'un véritable descendant des Rochelais de 1628.

XXVIII

Le siège de Magdebourg par Tilly.

(1631.)

De bonne heure, Magdedourg montra un grand attachement à la Réforme. Wallenstein l'assiégea inutilement pendant sept mois, mais elle fut prise par Tilly, au début de la période suédoise de la guerre de Trente Ans.

Les bourgeois de cette ville, voulant à toute force maintenir les droits de Christian-Guillaume de Brandebourg, refusèrent en termes formels l'évêque nommé par l'empereur d'Allemagne Ferdinand II : le comte de Tilly concentra aussitôt ses forces derrière l'Elbe pour s'emparer de Magdebourg et triompher de la rébellion. Le roi de Suède, Gustave-Adolphe, était alors arrêté par l'électeur de Saxe, qui s'obstinait à vouloir garder la neutralité. Il ne put donc venir au secours des bourgeois, et se contenta de leur envoyer quelques troupes, commandées par Falkenberg.

Cet habile officier fit tous ses efforts pour sauver la ville et donna en maintes occasions des preuves non équivoques de sa bravoure, mais les forces réunies de Tilly devaient finir par triompher de soldats bien déterminés et auxquels il ne manquait que d'être plus nombreux. Les Impériaux prirent rapidement possession de tous les ouvrages extérieurs, malgré l'héroïque résistance des assiégés, qui perdirent courage et commencèrent à désespérer, lorsqu'ils surent que ni le roi de Suède ni les confédérés de Leipzig ne pourraient leur porter secours. Pour comble de malheur, la disette se fit sentir et la désunion se mit parmi eux. Aussi se décida-t-on à traiter.

L'armée impériale, accoutumée au pillage, réfléchit qu'elle ne pourrait saccager Magdebourg, si une capitulation était signée. Le comte de Pappenheim profita donc, pour donner l'assaut, d'une nuit où les assiégés, fatigués et se reposant sur les négociations entamées, s'étaient retirés pour prendre du repos. Bien que pris à l'improviste, les défenseurs de Magdebourg repoussèrent énergiquement l'attaque, et ils étaient sur le point de chasser les Impériaux des ouvrages que ceux-ci avaient escaladés, lorsque Falkenberg fut tué. Pappenheim s'aperçut du découragement causé aux soldats par la perte de leur général. Il fit mettre le feu à une maison, l'incendie se communiqua rapidement à toute la ville, et à la faveur du désordre, les Impériaux entrèrent dans Magdebourg : ils s'y livrèrent aux plus déplorables excès, et le sac de Magdebourg est peut-être le plus terrible de ceux dont l'histoire a conservé le souvenir (10 mai 1631). Tilly fit massacrer ou brûler vifs 30 000 individus sans distinction d'âge ni de sexe. « Depuis la destruction de Jérusalem et de Troie — disait-il — on n'a pas vu une telle victoire ! » Ces scènes atroces se continuèrent pendant trois jours. Comme les officiers de Tilly l'engageaient à faire cesser le désordre : « Revenez demain, leur répondit-il, nous verrons ; au reste, il faut bien que le soldat s'amuse après tant de travaux et de fatigues ! »

XXIX

Le siège de Lérida.

(1647).

Fier de ses campagnes de Rocroi, de Fribourg, de Nordlingen, le prince de Condé passa en Catalogne et vint mettre le siège devant Lérida (1647). Cette ville, bâtie sur le roc vif, était défendue par des murs épais, de nombreux bastions, un large fossé, et possédait un château fort qui lui tenait lieu de citadelle. La garnison, s'élevant à 4000 soldats, était commandée par le Portugais Gregorio Britto, homme d'une grande valeur et d'un caractère généreux. L'armée française avait pour chef le maréchal de Grammont, sous les ordres du prince, et pour lieutenants généraux le comte Marsin et le duc de Châtillon. Elle occupa les lignes mêmes du comte d'Harcourt, qui avait échoué devant Lérida en 1646.

Condé ne voulut pas commencer l'attaque avant d'avoir reçu la grosse artillerie que Mazarin devait lui envoyer. Mais, dans l'intervalle, la fonte des neiges grossit le cours de la Sègre, qui déborda et entraîna tous les ponts de communication : Gregorio Britto profita de cette circonstance pour attaquer l'armée assiégeante. Le comte de Marsin se trouvait alors seul au camp, parce que Condé, pour tromper les ennuis d'un long siège, était allé prendre possession des châteaux voisins. Pendant deux heures, il résista seul aux Espagnols, qu'il finit par repousser : 4000 cavaliers furent démontés, et le reste des ennemis, poussé dans la Sègre, dut regagner Lérida à la nage.

A son retour, le prince, « pour insulter la place et le gouverneur, nous dit Hamilton, fit monter la première tranchée en plein jour par son régiment, à la tête duquel marchoient vingt-quatre violons, comme si c'eût été pour une noce » (28 mai 1647). Cette fanfaronnade enthousiasma un instant les troupes, mais, en dépit des prières et des menaces de Condé, l'ardeur des soldats ne tarda pas à se refroidir en présence des obstacles. Britto dirigea sur les assaillants une décharge de mousqueterie et d'artillerie, et les repoussa avec perte. Continuellement les cris « *Alerte, à la muraille!* » partaient du rempart, et plus d'une fois les Espagnols, dans leur sorties, nettoyaient la tranchée comblaient les travaux et tuaient tout « ce que nous avions de meilleur en soldats et en officiers ». Britto parvint un jour à envahir la tranchée où se trouvait le prince ; il massacra les mineurs, encloua les canons et fit un grand nombre de prisonniers. Il fallut cinq jours pour réparer les ouvrages.

Le 11 juin, Condé dînait, au delà de la Sègre, chez le comte de Marsin, lorsque le gouverneur vint attaquer à l'improviste le régiment qui gardait les travaux. On se défend vaillamment; La Moussaie, l'épée à la main, couvre, presque seul, une batterie. Le prince, arrivant à ce moment, encourage les Suisses qui chargent les Espagnols, maîtres de la tranchée, et les forcent à rentrer dans la place. Pendant tout le temps que dura l'action, Britto blessé se fit porter en chaise sur le rempart pour exciter les combattants de la voix et du geste.

Le 17 juin, Condé, qui avait déjà battu en brèche la contrescarpe de la ville et du château, allait peut-être triompher de l'héroïque gouverneur, lorsqu'il apprit qu'une armée espagnole venait au secours de la place. Il leva donc le siège, essuyant un revers pour la première fois. A partir de ce moment, on regarda Lérida comme imprenable, mais le duc d'Orléans s'en empara en 1707.

XXX

Le siège de Vienne par Kara-Mustapha.

(1683.)

Après avoir signé avec l'hetman des Cosaques la paix de Radzin (1681), Kara-Mustapha, gendre du vizir Achmet, poussé par les Hongrois mécontents, se prépara à marcher contre l'Autriche. Il arriva à Belgrade avec 30 000 hommes, déclara aux Hongrois qu'il venait défendre leurs libertés, et marcha droit sur Vienne, devant laquelle il arriva le 14 juillet 1683. En apprenant l'arrivée des Turcs, Léopold effrayé s'enfuit avec sa famille, et 60 000 habitants suivirent l'exemple de l'empereur.

Le grand-vizir envoya d'abord au comte de Stahremberg, gouverneur de la capitale, deux lettres où il le sommait de se rendre. Mais le comte répondit aux sommations de Mustapha en faisant incendier les faubourgs et en donnant des armes aux écoliers et aux bourgeois. Il confia au colonel Christophe de Bœrner la direction de l'artillerie, et décida que, lorsque la grosse cloche de Saint-Étienne sonnerait, chacun devrait courir à son poste.

Dans la nuit du 14 au 15 juillet, Mustapha, qui avait sa tente dans le faubourg Saint-Ulrich (auj. *Maria Trost am Plätzel*), fit ouvrir la tranchée de trois côtés à la fois. Le duc de Lorraine, sortant aussitôt de l'île de Léopoldstadt, passa le Danube avec ses troupes : il fut rejoint par les Turcs, contre lesquels il combattit pendant deux heures, perdit 4000 soldats et, grâce au général Schultz qui coupa le grand pont du Danube, il vint couvrir la Hongrie, la Moravie, la Silésie et la Bohême, pour tenir tête à Tékéli, lieutenant du grand vizir, dont les troupes dévastaient le pays (16 juillet 1683). Mustapha fit descendre le long du canal du Danube toutes les embarcations qui se trouvaient à Klosterneubourg et à Nussdorf et établit ainsi un pont de bateaux destiné à remplacer celui qui venait d'être détruit.

De part et d'autre, on montra un égal courage. Du 25 juillet au 8 septembre, dix-huit assauts furent livrés, et du 16 juillet au 3 septembre, les Autrichiens exécutèrent vingt-quatre sorties. Les assiégés n'eurent que sept fois des nouvelles de l'armée impériale pendant toute la durée du siège. Parmi ceux qui risquèrent leur vie pour traverser le camp ottoman, il convient de citer le Polonais George-Francois Koltschitzky, interprète de la Compagnie orientale, qui passa au milieu des assiégeants avec son domestique, en chantant des refrains turcs, et qui revint sans accident trois jours plus tard. Après la guerre on lui permit, à titre de récompense, d'ouvrir à Vienne le premier établissement de café.

Les travaux des Turcs avançaient rapidement ; le 31 juillet, la tranchée atteignit la contrescarpe, et les musulmans frappèrent de leurs bâtons les Autrichiens postés derrière les palissades. Ceux-ci, sur le conseil du comte de Daun, prirent des faux à long manche, à l'aide desquelles ils écartèrent des palissades tous ceux qui venaient à leur portée. Mais, malgré cette résistance, les Turcs occupèrent la contrescarpe, le trente-deuxième jour du siège (15 août). Le surlendemain, le sultan adressa à Mustapha une lettre d'éloges, un sabre orné de diamants, un poignard, un panache de héron et une pelisse de drap d'or doublée de zibeline. Le grand vizir redoubla d'ardeur, et tous les jours des mines éclatèrent sous les bastions.

Au moment où les assiégeants, qui savaient par des traîtres que les Autrichiens manquaient déjà de poudre et de munitions, comptaient bientôt prendre Vienne, les Polonais et les Bavarois, commandés par l'illustre Sobieski, roi de Pologne, arrivèrent à Klosterneubourg et opérèrent leur jonction avec les troupes impériales. Il était temps. « Il n'y a plus de temps à perdre, monseigneur, écrivait Stahremberg au duc de Lorraine ; je vous en supplie, ne perdez plus de temps ! » Les Turcs, en apprenant l'approche d'une armée de secours, se rangèrent en bataille en face du Calenberg, où vint se placer le roi de Pologne (11 septembre). Dans la nuit du 11 au 12, Sobieski écrivit à la reine : « Nos ennemis — lui disait-il — se sont bornés jusqu'à présent à lancer une cinquantaine de leurs escadrons, avec quelques mille janissaires, contre notre aile gauche commandée par le duc de Lorraine et le prince électoral de Saxe, qui occupent le couvent des Camaldules. Les Turcs semblent vouloir défendre le ravin ; j'y cours en terminant cette lettre ».

L'armée de secours se composait de 50 000 hommes, en y comprenant les troupes polonaises. La cavalerie de Sobieski était équipée avec une magnificence incroyable, mais ses fantassins étaient littéralement déguenillés. Comme, pour ce motif, le prince

Lubomirski engageait le roi à faire défiler son infanterie pendant la nuit : « Regardez-la bien, répondit le monarque. C'est une troupe invincible qui a fait le serment de ne jamais porter que les uniformes de l'ennemi. Dans la dernière guerre, ils étaient tous vêtus à la turque. »

Le dimanche 12 septembre 1683, le prêtre Marco d'Aviano dit une messe qui fut servie par le roi de Pologne lui-même. Après la cérémonie, cinq coups de canon donnèrent le signal de la bataille. Jean Sobieski et le grand hetman Jablonowski commandaient l'aile droite, le duc de Lorraine dirigeait l'aile gauche. Au centre, se voyaient les électeurs de Saxe et de Bavière, et les frères de l'impératrice.

« Dès le premier choc, dit M. de Hammer, le duc de Croy fut blessé, et son frère Maurice tué. Voyant les janissaires faiblir, le grand vizir se porta au centre de l'armée ottomane.... Les Autrichiens et les Saxons gagnaient du terrain pied à pied dans le ravin de Heiligenstadt, et parvinrent ainsi à Dœbling, où le gros des janissaires s'était jeté avec dix pièces de canon.... A deux heures de l'après-midi les Polonais, débouchant de la forêt de Dornbach, fondirent sur l'ennemi.... A quatre heures, les Turcs avaient été repoussés jusque dans les faubourgs où était situé leur quartier général.... Le combat dura une heure dans les faubourgs, et, à sept heures du soir, Vienne était délivrée. » Le khan des Tartares avait été le premier à donner l'exemple de la fuite, et les spahis seuls opposèrent une sérieuse résistance à l'armée chrétienne. Mustapha, à la vue de Sobieski, était entré dans une violente colère et avait fait massacrer 30 000 prisonniers ; mais plus de 10 000 des siens restèrent sur le champ de bataille. Sobieski s'empara d'un butin considérable : 300 canons, 5000 tentes, 600 bourses pleines de piastres, l'armure et les équipements du grand vizir, un grand nombre de drapeaux, enrichirent les vainqueurs. Le lendemain le roi de Pologne parcourut à cheval les remparts et la ville, et entonna le *Te Deum* dans l'église des Augustins. Voici des extraits de la lettre qu'il écrivit le soir même à la reine :

« Je n'ai pas encore vu tout le butin, mais il peut se comparer à celui que nous avons recueilli à Chocim ; quatre ou cinq carquois ornés de rubis et de saphirs valent seuls mille ducats. Tu ne me diras pas ce que les femmes tartares disent à leurs maris lorsqu'ils reviennent les mains vides : « Tu n'es pas un guerrier, puisque tu ne m'as rien apporté ; car celui-là seul s'enrichit qui ne craint pas de marcher en avant.... Il m'est impossible de te faire concevoir le luxe raffiné qui régnait dans les tentes du vizir : on y voyait des bains, de petits jardins, des fontaines, des garennes, et jusqu'à un perroquet.... Je ne puis te décrire tout ce qui compose ma part de butin, mais les objets principaux sont : une ceinture et deux montres enrichies de diamants, quatre ou cinq coutelas très riches, cinq carquois ornés de rubis, de saphirs et de perles, des couvertures, des tapis et mille petits riens, les plus belles fourrures de zibeline qui soient au monde. Les soldats ont pris beaucoup de ceintures enrichies de diamants.... J'ai une cassette en or massif contenant trois plaques d'or de l'épaisseur d'un parchemin et couvertes de figures cabalistiques.... »

XXXI

Le siège de Mayence.

(1793.)

En 1792, les Autrichiens ayant envahi le territoire français, Custine vint investir Mayence, dont le gouverneur, le baron de Gimmnich, capitula après deux sommations. A la suite de nos revers dans le Nord, 60 000 Prussiens parurent, le 6 janvier 1793, devant le fort de Cassel, qui couvre la tête du pont de Mayence.

« Mayence, dit M. Thiers, placée sur la rive gauche du Rhin, du côté de la France et vis-à-vis de l'embouchure du Mein, forme un grand arc de cercle dont le Rhin peut être considéré comme la corde. Un faubourg considérable, celui de Cassel, jeté sur l'autre rive, communique avec la place par un pont de bateaux.... Du côté du fleuve, Mayence n'est protégée que par une muraille en briques, mais du côté de la terre elle est extrêmement fortifiée.... La garnison s'élevait à 20 000 hommes.... L'artillerie se composait de 130 pièces en bronze et de 60 en fer, qu'on avait trouvées et qui étaient fort mauvaises; les Français en avaient apporté 80 en bon état. »

La défense de Cassel et des postes de la rive droite fut confiée à Meunier. Doyré s'occupa des travaux dans la ville même; Aubert-Dubayet prit le commandement des troupes, et les représentants du peuple, Merlin et Rewbell, animèrent la garnison de leur présence. — 10 000 Hessois, sous la conduite du général Schœnfeld, cernaient Cassel; les Autrichiens et les Prussiens assiégeaient Mayence; ils étaient commandés par le vieux maréchal Kalkreuth. L'investissement de la place fut formé en avril 1793.

L'armée assiégeante avait résolu, pour commencer l'attaque, d'attendre les canons que la Hollande devait lui envoyer. Mais la garnison, qui d'un bout à l'autre du siège fit des prodiges de valeur, s'empressa de prendre l'offensive. Le 11 avril, Meunier sortit de Cassel dans l'intention de surprendre les Hessois. Un coup de fusil, parti à l'improviste, donna l'éveil aux assiégeants, et les Français durent battre en retraite. Ils enlevèrent à l'ennemi 40 bœufs qui furent salés et mis en réserve.

Le 30 mai, il fut décidé qu'on ferait une sortie sur Marienbourg, où était le quartier général du roi de Prusse Frédéric Guillaume. Dans la nuit, 6000 hommes sortirent. Ils étaient déjà maîtres des retranchements ennemis et ils allaient surprendre Frédéric Guillaume, lorsque l'alarme fut donnée. Le roi fit aussitôt couvrir la place de feux, un tiers des maisons s'écroulèrent, les magasins furent détruits. Puis Meunier, qui attaquait la grande île du Mein, fut blessé au genou et expira le même jour, malgré les soins que Frédéric lui fit prodiguer (13 juin). « Il m'a fait bien du mal, mais l'univers n'a pas produit un plus grand homme! » disait le roi de Prusse, et pendant les funérailles, les assiégeants interrompant leurs opérations, saluèrent d'une salve d'artillerie le corps du brave général, qui fut déposé à la pointe du bastion de Cassel.

Lorsque les armées de la coalition eurent reçu de Hollande les convois qu'elles attendaient, elles poussèrent activement les opérations du siège. Un officier prussien conseillait de s'emparer de l'île de Petersau, dont la pointe remontait entre le faubourg et la ville, et de prendre ensuite Cassel. Mais on trouva l'entreprise trop difficile, et on ouvrit la tranchée vis-à-vis de la citadelle. Le 19 juillet, 200 pièces étaient dirigées sur la place, et des batteries flottantes, disposées sur le Rhin, incendiaient la ville par le côté le plus ouvert. La garnison n'avait plus d'aliments; elle se nourrissait de rats, de chair de cheval, et des soldats faisaient leur soupe avec de l'huile de poisson. Aubert-Dubayet convia un jour son état-major à un festin, se composant d'un chat flanqué de douze souris. Quelques soldats, ayant mangé la chair des chevaux morts qu'entraînait le fleuve, furent victimes de cette imprudence.

Les Prussiens avaient fait imprimer à Francfort de faux *Moniteurs*, où il était dit que Dumouriez avait renversé la Convention et que Louis XVII était sur le trône. Ils faisaient passer ces pièces mensongères à la garnison, qui, ne recevant aucune nouvelle de France, ne savait à quoi s'en tenir. Aubert-Dubayet laissa sortir 2000 habitants, mais ces malheureux périrent entre le camp ennemi et la ville : on refusa de les laisser passer.

A la fin, lorsqu'on sut qu'on n'avait rien à attendre des armées du Rhin et de la Moselle, comme on n'avait plus de vivres, on prit le parti de capituler. Le 25 juillet la garnison sortit de Mayence avec ses armes et ses bagages, à la seule condition qu'elle ne se battrait pas, pendant un an, contre les Coalisés. Les *Mayençais*, après une aussi glorieuse défense, furent accueillis par leurs concitoyens avec la dernière rigueur, et les gendarmes s'emparèrent d'Aubert-Dubayet, accusé de trahison. Il fallut l'énergique intervention du commissaire-représentant Merlin pour dessiller les yeux de la Convention, qui déclara enfin que les défenseurs de Mayence avaient bien mérité de la patrie.

XXXII

Le siège de Toulon.

(1793.)

Au mois d'août 1793, Toulon se livra aux Anglais. La Convention ne tarda pas à ordonner le siège de cette ville, et vers la fin de la même année Carteaux s'établit avec 7 ou 8000 hommes au débouché des gorges d'Ollioules, tandis que le général Lapoype se rangeait du côté opposé, vers Lavalette. Bientôt Carteaux fut remplacé par le général Doppet, auquel succéda Dugommier. Des renforts arrivèrent, et 28 000 hommes se réunirent devant Toulon.

Le Comité de salut public envoya à Dugommier un plan d'attaque rédigé par le Comité des fortifications, et le général réunit un conseil de guerre pour l'examiner. Parmi ceux qui assistaient à la séance se trouvait un jeune officier d'artillerie, qui avait déjà servi dans l'armée d'Italie. Bonaparte — c'était son nom — proposa au conseil de prendre le fort de l'Éguillette, dit le *Petit-Gibraltar* et situé à l'extrémité du promontoire qui ferme la rade intérieure. Maître de cette position, ou bien on brûlerait les escadres, ou bien on verrait la flotte anglaise évacuer la rade sur-le-champ. Ce plan d'attaque était périlleux, mais il avait l'avantage d'abréger les opérations du siège, et il fut adopté.

Bonaparte fit alors dresser une batterie derrière des oliviers, près du fort Malbosquet. Le général O'Hara, chef de la garnison, surpris par les feux de cette batterie, sortit à l'improviste avec 6000 hommes et arriva jusqu'aux postes républicains. Il commençait à enclouer les canons, lorsque Bonaparte, s'élançant avec son bataillon dans un boyau qui conduisait à la batterie, tomba tout à coup sur les Anglais, qui s'enfuirent en

Fig. 29. — Médaille commémorative du siège de Toulon

voyant Dugommier accourir avec ses troupes (30 novembre).

Le 18 décembre, l'assaut fut donné au fort de l'Éguillette : le jeune capitaine d'artillerie Muiron se précipita avec ses soldats par une embrasure et enleva la position presque instantanément. En même temps, le général Lapoype emportait une des redoutes du fort Faron.

Lorsque les Anglais virent qu'on se disposait à foudroyer leur flotte, ils sortirent de la rade, après avoir incendié l'arsenal. Peu s'en fallut que l'amiral Hoop n'abandonnât à l'armée victorieuse ceux qui avaient trahi leur patrie par sa faute! Les républicains trouvèrent la ville presque déserte. De 56 bâtiments, il n'en restait que 18 : le reste avait été brûlé.

Néanmoins, la prise de Toulon, qui chassait les Anglais du midi de la France et les empêchait d'y fomenter la révolte, causa au peuple une vive satisfaction. A un autre point de vue, ce siège est très célèbre, car il commença la fortune de celui qui devait être Napoléon Ier.

XXXIII

Le siège de Saint-Jean-d'Acre.

(1799.)

Lorsque Bonaparte, alors en Égypte, apprit que les Turcs, soutenus par l'Angleterre, se préparaient à lui faire la guerre, il résolut, suivant son habitude, de déconcerter ses ennemis par la rapidité de ses opérations, et, traversant le désert, il marcha sur Saint-Jean-d'Acre avec les divisions Kléber, Reynier, Lannes, Bon et Murat (février 1799). En même temps, il donna au contre-amiral Perrée l'ordre de transporter d'Alexandrie sur les côtes syriennes de l'artillerie et des munitions. Après s'être emparé sans difficulté d'El Arisch, de Gaza et de Jaffa, il arriva devant l'ancienne Ptolémaïs, défendue par une nombreuse garnison, par le pacha Djezzar, par d'excellents pointeurs anglais et enfin par l'émigré Phélippeaux, officier de génie fort habile.

On ouvrit aussitôt la tranchée (20 mars), mais on manquait de boulets, car l'artillerie qu'on attendait d'Alexandrie avait été enlevée par le commodore anglais Sidney-Smith, qui croisait dans ces parages. Bonaparte imagina un stratagème. Il envoyait sur la plage quelques cavaliers, et Sidney-Smith, en les apercevant, faisait feu de toutes ses batteries; « les soldats, auxquels on donnait cinq sous par boulet, allaient les ramasser au milieu de la canonnade et des rires universels[1]. »

Le général du génie Samson ayant déclaré qu'il n'existait ni contrescarpe ni fossé, on fit brèche et on voulut monter à l'assaut, mais on s'aperçut bien vite de l'inexactitude des renseignements donnés par Samson. On fit jouer la mine ; une partie de la contrescarpe fut emportée, mais l'assaut manqua et coûta la vie à l'officier Mailly et au commandant Laugier.

Pendant qu'on commençait à miner pour faire sauter la contrescarpe tout entière, on apprit l'approche de l'armée turque. La division Kléber marcha à sa rencontre et se mesura avec elle le 16 avril au pied du mont Thabor. Bonaparte vint en personne prendre part au combat, et l'armée turque fut anéantie.

« Pendant cet intervalle, dit M. Thiers, on n'avait cessé de miner, de contre-miner autour des murs de Saint-Jean-d'Acre.... Il y avait un mois et demi qu'on était devant la place ; on avait tenté beaucoup d'assauts, repoussé beaucoup de sorties, tué beaucoup de monde à l'ennemi ; mais, malgré de continuels avantages, on faisait d'irréparables pertes de temps et d'hommes. » Le 7 mai, un renfort de 12 000 hommes arriva dans le port pour délivrer la place. Avant qu'il ait eu le temps de débarquer, on bat en brèche un pan de muraille, on monte à l'assaut, on encloue les canons, on égorge tout », en un mot, on est presque maître de la ville, lorsque les soldats fraîchement débarqués s'avancent en bataille. Au même instant les assiégés sortent, prennent la brèche à revers et coupent la retraite

---

[1] Thiers, *Histoire de la Révolution*, X, p. 292.

aux Français qui sont dans la ville. Bonaparte ordonne un nouvel assaut trois jours après, mais on ne peut même pas dépasser la brèche.

Le siège durait depuis deux mois. Le tiers de l'armée de Syrie, c'est-à-dire 4000 hommes, avait péri, et la peste venait joindre ses ravages à ceux de la guerre. Bonaparte leva donc le siège et se décida à revenir en Égypte (20 mai). Il s'éloigna à regret, mais non sans avoir réduit la plus grande partie de la ville en cendres. Il attachait à la prise de Saint-Jean-d'Acre une importance considérable, car il rêvait des conquêtes en Orient. Aussi disait-il souvent en parlant de Sidney-Smith :

« Cet homme m'a fait manquer ma fortune! »

XXXIV

Le siège de Dantzig.

(1807.)

Après la bataille d'Eylau, Napoléon poursuivit les Russes jusqu'à Kœnigsberg; puis il vint s'établir en avant de la basse Vistule pour mieux couvrir le siège de Dantzig, dont il avait chargé le maréchal Lefebvre. Le roi de Prusse avait eu le temps d'envoyer dans cette ville une garnison de 18 000 hommes, à laquelle il donna pour chef le vaillant maréchal Kalkreuth. Dantzig, défendue par de solides ouvrages et par une enceinte bastionnée, est située sur le bras gauche de la Vistule; les hauteurs qui la dominent sont également fortifiées. Au mois de mars 1807, époque à laquelle commencèrent définitivement les opérations du siège, elle renfermait une quantité de blés et de vins capable de subvenir aux besoins de la population pendant plus d'une année, et cette circonstance avait décidé Napoléon à prendre la ville.

Le maréchal Lefebvre fut secondé dans la direction du siège par l'ingénieur Chasseloup-Laubat et le général d'artillerie Lariboisière. Le corps chargé des opérations se composait de 18 000 hommes, dont 3000 Français et 15 000 auxiliaires Polonais, Badois ou Saxons. Le 19 mars, le général Schramm, à la tête d'un petit corps de troupes, passa la Vistule à deux lieues au-dessus de Dantzig et débarqua dans le Nehrung, banc de sable compris entre Kœnigsberg et la place. Là, il repoussa une agression des Prussiens sortis du fort de Weichselmünde, et une attaque de 3000 assiégés qui, faisant tout à coup une sortie, avaient brusquement remonté la Vistule. De cette manière, nous étions déjà maîtres d'un passage sur le fleuve, et le Nehrung se trouvait intercepté malgré les efforts de l'ennemi qui tenta sept jours après deux sorties, l'une de Dantzig, l'autre des positions extérieures du fort de Weichselmünde. Sur les hauteurs qui dominent la place se trouvent deux ouvrages : le Bischofsberg et le Hagelsberg. Le général Chasseloup-Laubat résolut d'attaquer le dernier, beaucoup plus facile à prendre, et fit tracer la première parallèle [1].

---

[1] Voici quelques détails sur la manière dont on se présente devant les places : « C'est en s'enfonçant sous terre, en ouvrant des tranchées, et en jetant du côté de l'ennemi les déblais provenant de ces tranchées, qu'on avance sous le feu de la grosse artillerie. On trace ainsi des lignes qu'on appelle *parallèles*, parce qu'en effet elles sont parallèles au front qu'on attaque. On les arme ensuite de batteries, pour répondre au feu de l'assiégé. Après avoir tracé une première *parallèle*, on s'approche, en cheminant sous terre, par des *zigzags*, jusqu'à la distance où l'on veut tracer une seconde *parallèle*, qu'on arme de batteries comme la première. On arrive successivement à la troisième, d'où l'on s'élance au bord du fossé, qui s'appelle *chemin couvert*. Puis on descend dans ce fossé avec de nouvelles précautions, on renverse avec des batteries de brèche les murailles appelées *escarpes*, on remplit le fossé de leurs décombres et sur ces décombres on monte enfin à l'assaut. Des sorties de l'ennemi pour troubler ces travaux difficiles, des combats de grosse artillerie, des mines qui font sauter dans les airs assiégeants et assiégés, ajoutent des scènes animées et souvent terribles à cette affreuse lutte souterraine, dans laquelle la science le dispute à l'héroïsme, pour attaquer ou défendre les grandes cités » (Thiers, *Histoire du Consulat et de l'Empire*, tome VII, p. 506 et 507).

Dans la nuit du 10 au 11 avril, un violent combat fut livré aux Prussiens, qui avaient exécuté des travaux de contre-approche dans le but d'occuper un mamelon situé au-dessus de nos tranchées. Cette position ne nous resta qu'après un triple engagement, et le maréchal Lefebvre dut lui-même repousser en personne une furieuse sortie de la garnison. Le 15, le général Gardanne étant venu avec les troupes du Nehrung le long du canal de Laake, entre Dantzig et le fort de Weichselmünde, 3000 Russes sortirent du fort et attaquèrent les Français. Ils venaient d'être repoussés lorsque 2000 Prussiens tombèrent sur nos soldats. Ils furent également battus, et l'on s'occupa les jours suivants de consolider notre établissement dans le Nehrung et sur la basse Vistule.

L'ouverture du feu eut lieu dans la nuit du 23 avril. 58 pièces bombardèrent la ville et y allumèrent à deux reprises un incendie que les assiégés parvinrent à éteindre. La troisième parallèle fut alors entreprise, mais la garnison fit une vigoureuse sortie : on se battit à l'arme blanche dans les fossés et les pertes de l'ennemi furent si considérables que Kalkreuth demanda une suspension d'armes pour enlever ses morts. Pourtant, le maréchal Lefebvre, aussi ignorant en stratégie qu'intrépide devant la mitraille, s'impatientait et ne comprenait rien aux combinaisons des ingénieurs. Il voulait à toute force en finir par un assaut général, et il fallut une réprimande de l'Empereur pour décider ce vieux soldat à ne pas sacrifier, inutilement peut-être, « la poitrine de ses grenadiers ». Le siège fut donc continué conformément aux règles.

A ce moment, on apprit que le tzar et le roi de Prusse, réunis à Bartentstein, avaient résolu de secourir Dantzig. Effectivement, un corps d'infanterie russe, embarqué à Pillau, arrivait à Weichselmünde, tandis que le colonel Bulow marchait sur le Nehrung, avec un détachement de cavalerie. Lefebvre, effrayé d'abord à cette nouvelle, se rassura en voyant que Napoléon lui envoyait des renforts. Les Russes débarquèrent à Weichselmünde le 12 mai, et trois jours après ils vinrent nous attaquer dans le Nehrung. Ils furent repoussés plusieurs fois, perdirent 2000 hommes, et dans cette journée le général Schramm se couvrit de gloire. La tentative que firent les corvettes anglaises pour forcer la Vistule et ravitailler la place ne fut pas plus heureuse, Dantzig se trouva définitivement abandonnée à elle-même, et les derniers travaux d'approche furent dès lors poussés avec une grande vigueur. Les soldats du génie descendirent avec une peine inouïe au fond du fossé; ils coupèrent les palissades sur une largeur de 90 pieds. Aussi l'assaut fut-il résolu pour le 21 mai au soir.

Sur ces entrefaites, le colonel Lacoste se présenta en parlementaire à Dantzig pour remettre au général Kalkreuth des lettres à son adresse trouvées sur une corvette anglaise récemment prise. Kalkreuth profita de l'occasion pour demander à capituler, mais dans les conditions qu'avait jadis obtenues la garnison de Mayence. Lefebvre consulta Napoléon, qui se rendit au désir du général prussien, et la capitulation fut signée le 26 mai. L'Empereur publia immédiatement cet ordre du jour :

Finkenstein, 26 mai 1807.

« La place de Dantzig a capitulé et nos troupes y sont entrées
« aujourd'hui à midi.

« Sa Majesté témoigne sa satisfaction aux troupes assiégeantes.
« Les sapeurs se sont couverts de gloire. »

Lefebvre entra dans la ville, suivi d'un détachement de chacun des corps qui avaient fait le siège. Le génie marchait en tête.

Quarante-huit heures après, le fort de Weichselmünde se rendit.

XXXV

Les sièges de Saragosse.

(1808 et 1809.)

Une junte convoquée à Bayonne avait proclamé roi d'Espagne Joseph Bonaparte (1808). La publication officielle des abdications arrachées à Ferdinand VII et à Charles IV et l'application des principes révolutionnaires en Espagne, eurent pour effet immédiat de soulever les Asturies, la Galice, la Vieille-Castille, l'Estramadure, l'Andalousie, Murcie, Valence, la Catalogne et l'Aragon. Saragosse fut une des premières villes qui s'insurgèrent (24 mai 1808). Après avoir successivement destitué le capitaine don Juan de Guillermi et le général Mari qu'elle trouva trop timide, la population donna le commandement au jeune Joseph Palafox de Melzi, partisan dévoué de Ferdinand VII. Palafox convoqua les Cortès de la province, organisa la résistance et communiqua à la population un tel enthousiasme que Logroño, située à six lieues des troupes françaises, prit part à l'insurrection. « Napoléon, dit M. Thiers, ordonna sur-le-champ au général Verdier de courir à Logroño avec 1500 hommes d'infanterie, 500 chevaux et 4 bouches à feu pour faire de cette ville un exemple sévère. Il ordonna au général Lefebvre-Desnouettes, brillant officier commandant les chasseurs à cheval de la garde impériale, de se transporter à Pampelune avec les lanciers polonais, quelques bataillons d'infanterie provisoire et 6 bouches à feu, de ramasser en outre dans cette place quelques troisièmes bataillons qui en formaient la garnison, le tout présentant un total d'environ 4000 hommes, et de se rendre à tire d'aile sur Saragosse, pour faire rentrer dans l'ordre cette « capitale de l'Aragon ». Lefebvre partit de Pampelune le 6 juin, passa l'Èbre en face de Valtierra, prit Tudela, battit le marquis de Lassan et les insurgés à Mallen, et arriva le 15 juin devant Saragosse, remplie juqu'aux toits de soldats, de fanatiques, de paysans pillards, qui firent feu sur la petite troupe de Lefebvre dès qu'elle se présenta. La ville était entourée d'une muraille aboutissant à l'Èbre par ses deux extrémités.

Le général français établit son camp à gauche, près de l'Èbre, et fit demander des secours à l'Empereur, qui avait son quartier général à Bayonne. Napoléon lui envoya aussitôt trois régiments d'infanterie de la Vistule, un détachement de gardes nationaux levés dans les Pyrénées et une partie de la division Verdier, le tout formant une armée de 10 à 11 000 hommes. Arrivé devant Saragosse, Verdier, bientôt maître des positions extérieures, tenta un assaut le 1er juillet, sur les instances de l'Empereur. Vingt pièces de gros calibre et toute l'artillerie de campagne ouvrirent donc le feu sur la ville, incendiant les maisons et pratiquant de larges brèches, surtout au château de l'Inquisition. Mais, quand les soldats voulurent s'élancer, ils furent arrêtés par une grêle de balles sortant des maisons, et ils se retirèrent (2 juillet). De même, le général Habert, maître du couvent Saint-Joseph, ne put pénétrer dans la ville, dont les rues étaient barricadées et les maisons changées en véritables forteresses. Verdier fit donc rentrer les troupes dans leurs quartiers et avertit de cet échec Napoléon, qui lui envoya immédiatement de la grosse artillerie et deux régiments de ligne. Les moyens d'attaque furent alors considérablement augmentés, et le colonel du génie Lacoste disposa tout pour un nouvel assaut, qui fut donné le 4 août.

« 60 bouches à feu, dit l'historien du *Consulat et de l'Empire*, mortiers, obusiers, pièces de 16, vomirent leur feu sur la ville et sur le couvent de Santa-Engracia, qui est au centre de la muraille d'enceinte. A gauche et à droite de ce couvent se trouvaient deux portes par lesquelles on voulait pénétrer pour se porter rapidement par une rue assez large vers le *Cosso*, espèce de boulevard intérieur qui traverse dans toute sa longueur la ville de Saragosse et duquel une fois maître on pouvait se croire en possession de la ville tout entière ». Vers midi, notre artillerie ouvrit de larges brèches dans la muraille d'enceinte, et l'on put former deux colonnes d'assaut. Celle de droite, sous le général Habert, bravant le feu des maisons, enleva d'assaut trois barricades dans la rue Santa-Engracia, et arriva sur le *Cosso*. Puis elle revint sur ses pas pour débusquer les insurgés retranchés dans les habitations. La colonne de gauche, commandée par Grandjean, prit le couvent des Carmes et s'avança dans la ville, « se battant de maison à maison, perdant du monde pour les prendre, et se vengeant quand on les avait prises par la mort de ceux dont on avait essuyé le feu ». Cette lutte meurtrière se prolongea jusqu'au soir. Alors les soldats se répandirent dans les maisons pour y chercher des vivres. Le lendemain, Lefebvre remplaça dans le commandement Verdier, qui avait été blessé. Il fit barricader les rues aboutissant au *Cosso*, et prit le parti d'employer la sape et la mine pour éviter les sanglants combats de la veille. A ce moment, on apprit la capitulation de Baylen, l'évacuation de Madrid, la retraite des Français sur le haut Èbre, et on dut abandonner Saragosse, si péniblement prise, pour se replier sur Tudela (août 1808).

Napoléon, après avoir renouvelé à Erfurt avec Alexandre l'alliance de Tilsitt, et fait reconnaître par l'empereur de Russie Joseph comme roi d'Espagne, revint au delà des Pyrénées avec 150 000 hommes et remporta une série de victoires qui lui ouvrirent les portes de Madrid. L'affaire de Tudela supprima tout obstacle entre Pampelune et Saragosse (23 novembre) et le siège de cette dernière ville fut bientôt entrepris pour la seconde fois.

Le 10 décembre 1808, le maréchal Moncey parut devant Saragosse et, grâce à l'arrivée du maréchal Mortier, il emporta le 19 les positions extérieures. Deux jours après, Suchet s'empara des hauteurs de Saint-Lambert, Gazan enleva la position San-Gregorio, et Grandjean occupa le Monte-Torrero, qui domine la ville. Ces succès permirent de commencer les opérations du siège dans les premiers jours de janvier 1809.

Il y avait alors à Saragosse 40 000 hommes armés, des vivres et des munitions en abondance, et de nombreux édifices, châteaux ou couvents, lui servaient de forts. Enfin, les ingénieurs espagnols avaient entouré les murailles d'une foule d'ouvrages importants. Le général Junot, qui dirigeait le siège, fit ouvrir la première tranchée dans la nuit du 29 au 30 décembre. La première parallèle ouverte, on confectionna la seconde, malgré une vigoureuse sortie des troupes régulières. Le 11 janvier 1809, les batteries ayant fait une brèche assez large, on donna l'assaut au couvent Saint-Joseph, qui tomba en notre pouvoir au bout d'une demi-heure. Enfin le 16 du même mois, après un second assaut, nos soldats étaient maîtres d'une bonne moitié de la ligne des ouvrages extérieurs.

Pendant ce temps, l'armée assiégeante endurait de terribles souffrances. Les deux frères de Joseph Palafox, sortis de la ville, soulevaient les paysans et interceptaient les convois de vivres. « Malgré les efforts de notre cavalerie, la viande n'arrivait pas, vu que les moutons acheminés sur notre camp étaient arrêtés en route. Nos soldats, manquant de viande pour faire la soupe, n'ayant souvent qu'une ration incomplète de pain, supportaient de cruelles privations sans murmurer et entrevoyaient sans fléchir un ou deux mois encore d'un siège atroce ». La situation des assiégés n'était pas meilleure. « La masse des habitants réfugiés dans la ville, les blessés, les malades accumulés, y avaient fait naître une épidémie. Tous les jours une grêle de projectiles augmentait le nombre des victimes du siège, même parmi ceux qui ne prenaient point part à la défense. Mais une populace furieuse, fanatisée par les moines, comprimait les habitants paisibles aux yeux desquels cette résistance sans espoir n'était qu'une barbarie inutile. Les potences dressées dans les principales rues prévenaient tout murmure. »

A ce moment, le maréchal Lannes arriva au camp. Modifiant de son chef le plan de l'Empereur, il ordonna au général Gazan d'attaquer le faubourg de la rive gauche, et il envoya Mortier anéantir une armée espagnole de 15 000 hommes qui venait au secours de Saragosse. Puis, il fit préparer un assaut général pour le 26 janvier. Au bout de deux jours de bombardement, trois brèches furent ouvertes (27 février). Sur l'ordre de Lannes, les voltigeurs des 14e et 44e régiments, dirigés par le chef de bataillon Stahl, s'emparèrent de la première, à droite; Guettemann et 36 grenadiers enlevèrent la seconde; au centre, les voltigeurs de la Vistule prirent la troisième brèche et le couvent de Santa-Engracia. Dans cette affaire, les Espagnols perdirent 600 hommes; les Français eurent 186 morts et 593 blessés.

Alors commença une guerre terrible, une guerre de maison à maison. A ce sujet, Lannes écrivait ce qui suit à l'Empereur :

« Jamais, Sire, je n'ai vu autant d'acharnement comme en mettent nos ennemis à la défense de cette place. J'ai vu des femmes venir se faire tuer devant la brèche. Il faut faire le siège de chaque maison. Si on ne prenait pas de grandes précautions, nous y perdrions beaucoup de monde, l'ennemi ayant dans la ville 30 à 40 000 hommes. »

Et une autre fois :

« .... Le siège de Saragosse ne ressemble en rien à la guerre que nous avons faite jusqu'à présent. C'est un métier où il faut une grande prudence et une grande vigueur. Nous sommes obligés de prendre avec la mine, ou d'assaut, toutes les maisons. Ces malheureux s'y défendent avec un acharnement dont on ne peut se faire une idée. Enfin, Sire, c'est une guerre qui fait horreur.

Fig. 50. — La ville de Saragosse prise, on fit le siège des maisons

Le feu est en ce moment sur trois ou quatre points de la ville, elle est écrasée de bombes; mais tout cela n'intimide pas nos ennemis. »

En effet, comme dit le poète :

> La ville prise, on fit le siège des maisons,
> Qui, bien closes, avec des airs de trahisons,
> Faisaient pleuvoir les coups de feu par leurs fenêtres.

Nous empruntons encore à M. Thiers quelques détails sur cette lutte atroce : « Quand on entrait dans une maison, on courait sur les défenseurs à la baïonnette, on les passait par les armes, si on pouvait les atteindre, ou bien on se bornait à les expulser. Mais souvent on laissait derrière soi, au fond des caves ou au haut des greniers, des obstinés restés dans les maisons dont un ou deux étages étaient déjà conquis. On se mêlait ainsi les uns les autres et on avait sous ses pieds ou sur sa tête, tirant à travers les planchers, des combattants qui, habitués à ce genre de guerre, y déployaient une intelligence et un courage qu'on ne leur avait jamais vus..... L'épidémie sévissait dans les murs de Saragosse. Plus de 15 000 hommes, sur 40 000 contribuant à la défense, étaient morts déjà dans les hôpitaux. La population inactive mourait sans qu'on prît garde à elle. On n'avait plus le temps ni d'enterrer les cadavres ni de recueillir les blessés. On les laissait au milieu des décombres, d'où ils répandaient une horrible infection. »

Le 18 février, nos soldats, qui commençaient à murmurer, étaient arrivés sur le *Cosso*, et le faubourg de la rive gauche tombait entre nos mains. Cette fois, la ville épuisée, privée des deux tiers de ses défenseurs, demanda à capituler, et un parlementaire vint trouver Lannes, qui fit savoir à la junte qu'il fallait se soumettre le lendemain, sous peine de voir sauter tout le centre de la ville. Le 20, la junte se rendit au camp, et il fut stipulé que tous les Espagnols qui ne voudraient pas se mettre au service du roi Joseph seraient prisonniers de guerre. Le 22, 12 000 hommes « pâles, maigres, défilèrent devant nos soldats saisis de pitié », et l'armée française prit possession de la ville.

La prise de Saragosse termina la deuxième campagne d'Espagne et permit à Joseph de régner sur un peuple soumis en apparence, mais qui devait, quelques années plus tard, se révolter contre son vainqueur.

XXXVI

Le siège de Missolonghi.

(1825-1826.)

Au mois d'avril 1825, Reschid-Pacha, voyant que le grec Mavrocordatos cherchait à placer sa patrie sous la protection de la Grande-Bretagne, vint mettre le siège devant Missolonghi, ville de l'Étolie, célèbre par la résistance qu'elle avait, deux ans plus tôt, opposée aux Ottomans. Le 27 avril, dans la matinée, les Grecs virent les détachements ennemis s'avancer sous les oliviers qui couvrent la plaine. Ils se précipitèrent sans attendre sur l'avant-garde, tuèrent un porte-étendard, et ramenèrent quelques captifs dans la ville. Reschïd-Pacha, à cette nouvelle, passe l'Achéloüs, arrive en toute hâte devant Missolonghi et, sur le conseil de quelques ingénieurs autrichiens qui l'accompagnaient, fait immédiatement ouvrir la tranchée.

Les assiégés n'étaient pas nombreux, mais ils avaient pour eux le courage et un patriotisme sans bornes. Les chefs de la garnison s'appelaient Stournaris, Macris, Tsongas, Liakatas, Noti Botzaris; en outre, Mitsos Contoghiannis, Giannis Rangos et Lampros Veïcos, venus du Péloponèse, avaient pénétré dans la ville depuis l'arrivée de Reschid. Pendant que les uns entouraient les murs d'un chemin couvert, les autres tiraient des coups de fusil sur les travailleurs ottomans, et pendant la nuit du 2 au 3 juillet, dans une sortie, les Grecs dispersèrent les gardes des tranchées, tuèrent deux cents Turcs, firent cinq prisonniers et enlevèrent cinq drapeaux : quatre d'entre eux furent blessés, trois seulement périrent dans la lutte.

Vers la fin de juillet, trente-six chaloupes ennemies entrèrent dans le bassin de la ville, qui fut dès lors bombardée par terre et par mer. Avant d'entreprendre l'attaque définitive de la place, Reschid-Pacha envoya aux Missolonghiotes une députation chargée de leur proposer une capitulation. On répondit par un seul mot : « *Guerre !* ». Reschid, irrité de cet accueil, fit combler les fossés des bastions Botzaris et Franklin, et donna un premier assaut après lequel il renouvela ses propositions. « Les clefs de la ville sont suspendues à nos canons ! », répondirent les assiégés. Un second assaut fut aussitôt ordonné, et les Turcs s'emparèrent du bastion Botzaris, mais ce succès n'eut d'autre effet que d'exaspérer les Hellènes, qui s'élancèrent avec fureur sur les soldats ottomans et les chassèrent de la position qu'ils venaient de conquérir. Reschid jugea plus sage de traîner désormais les opérations en longueur, et, dans l'espoir de venir à bout des Grecs par la famine, il employa les mois qui suivirent à faire exécuter des travaux d'approche. Mais bientôt, las d'attendre, il combina une double attaque par terre et par mer. Pour être plus sûr de réussir, il eut recours à la ruse : les paysans hellènes furent chassés à coups de fouet devant les troupes turques qui se trouvèrent ainsi cachées et s'emparèrent des premiers bastions. Au moment où ils allaient pénétrer dans la ville, on entendit une formidable détonation ; c'étaient les Grecs qui venaient de faire sauter les ouvrages d'approche, construits à grand'peine par les Ottomans. Des débris d'hommes calcinés tombèrent sur Reschid, qui se retira épouvanté dans sa tente, désespérant de prendre une ville si bien défendue et n'osant pourtant lever le siège. « Il me faut Missolonghi ou ta tête », lui avait dit le sultan. Ne sachant plus que faire, il appela à son secours Ibrahim-Pacha, dont les bataillons arrivèrent au mois de janvier 1826.

Au lieu d'exposer ses 20,000 soldats aux chances d'un assaut, Ibrahim résolut de prendre les Missolonghiotes par la famine. Il commença donc par explorer les environs de la ville ; puis, il s'empara des positions et des villages d'alentour. De cette manière, il fut impossible aux assiégés d'être ravitaillés, et les malheureux se nourrirent pendant vingt jours des herbes apportées par les flots sur la plage. Lorsqu'ils virent qu'ils n'avaient plus de secours à attendre, plus d'aliments pour subsister, ils prirent une résolution extrême. Le 22 avril 1826, on fit le recensement de la population : 3,000 soldats vivaient encore, 5,000 femmes ou enfants, et 1,000 hommes invalides avaient aussi survécu aux souffrances et à la famine. Mus par un indicible sentiment de patriotisme, les braves défenseurs de Missolonghi se partagèrent en deux camps : les uns se préparèrent silencieusement à faire une dernière sortie ; les autres à se faire sauter avec la ville pour ne pas tomber vivants entre les mains de leurs ennemis. Un vieillard, dangereusement blessé, se traîna près de la mèche d'une mine creusée sous le bastion Botzaris ; il s'assit et attendit, pour mettre le feu à la mèche, que ce côté des remparts fût couvert d'Ottomans. Au milieu de la nuit, on ouvrit sans bruit les portes et 3,000 hommes, suivis de femmes armées, sortirent après avoir fait à leurs frères de touchants adieux. Ibrahim, qui avait prévu cette sortie désespérée et s'était tenu sur ses gardes, opposa aux Missolonghiotes ses soldats forts et disciplinés, et pendant quelques heures, au milieu des ténèbres, ce fut un affreux carnage. Ceux qui étaient restés dans la ville, voyant leurs compagnons vaincus, se firent sauter avec 2,000 Ottomans.

XXXVII

Le siège de Constantine.[1]

(1836 et 1837.)

Avant de songer à coloniser l'Algérie, il fallait en finir avec la domination turque et surtout avec la domination arabe, défendue par Abd-el-Kader. Les beys de Titery et d'Oran furent soumis bien vite, mais il n'en fut pas de même de Constantine, dont le bey Ahmed résista d'une manière énergique. Le maréchal Clausel, gouverneur de l'Algérie de 1835 à 1837, comptait prendre cette ville sans difficulté; il confia aux généraux Trézel et de Rigny une armée de 7000 hommes, et ne fit transporter devant Constantine que 4 obusiers, 6 pièces de montagne et 4 de campagne. Les soldats emportaient seulement des vivres pour une quinzaine de jours.

Constantine est séparée de Mansourah par un ravin. Elle est assise sur un plateau près duquel coule le Rummel et qui est incliné dans la direction de celui de Mansourah. Au-delà du Rummel est le plateau de Coudiat-Ati.

L'armée expéditionnaire partit de Bone le 13 novem-

[1] Consulter : Mont Rond, *Histoire de la conquête de l'Algérie, de 1830 à 1847* (Paris, 1842, 2 vol. in-8), — *les Annales algériennes*, — Fillias, *Histoire de la conquête et de la colonisation de l'Algérie*.

bre 1836 et arriva le 15 aux ruines de Guelma, sur les bords de la Seybouse. L'enceinte d'une forteresse située en cet endroit se trouva suffisamment fortifiée pour qu'on y établît une garnison, composée en partie de soldats fatigués par une marche difficile. Le 19, on rencontra les plateaux occupés par les Zénatis, tribu hostile que la peur fit taire. Jusque-là on n'avait éprouvé aucune résistance sérieuse, mais on avait souffert énormément de la pluie, de la neige et de la grêle, et l'on eut beaucoup de peine à traverser un affluent du Rummel grossi par les pluies. Enfin, on arriva le 21 sur le plateau de Mansourah, d'où l'on domine Constantine.

Yousouf, rallié à notre cause à la vue de nos premiers succès, avait assuré à Clausel qu'on n'aurait qu'à se montrer pour prendre la ville, mais il fallut au contraire canonner Constantine pendant deux jours et repousser quelques sorties. Ahmed, absent, avait confié la défense à son lieutenant, Ben-Aïssa, homme d'une grande énergie et d'un caractère résolu. Dans la nuit du 23 au 24 novembre, le général Trézel et le lieutenant-colonel Duvivier attaquèrent chacun une des portes de Constantine : cette tentative échoua et coûta la vie à plusieurs officiers.

Alors il fallut songer à la retraite et renoncer, pour le moment du moins, à s'emparer d'une place qu'on s'imaginait enlever sans combat. L'armée se concentra sur le plateau de Mansourah et s'ébranla dans la matinée du 24. « Des nuées d'Arabes, semblables à des essaims de guêpes », fondirent sur la colonne quand le mouvement commença et se ruèrent sur les bagages dans l'espoir d'un butin considérable. Le commandant Changarnier fut chargé avec un bataillon du 2ᵉ léger de protéger la retraite. Il rangea ses hommes en carré et se laissa entourer par les Arabes sans tirer un coup de fusil. « Allons, mes amis, dit-il à ses soldats, vous voyez ces gens-là; ils sont 6000, vous n'êtes que 300 : la partie est donc égale. » Lorsque les Arabes ne furent plus qu'à une distance de vingt pas, le bataillon ouvrit, aux cris de *Vive le Roi!* un feu de deux rangs, qui joncha le sol de cadavres : le reste des ennemis recula épouvanté. Au bout de huit jours, l'armée se trouvait revenue à son point de départ.

Il était à craindre que les Arabes ne se soulevassent. Clausel rappelé fut remplacé par le général Damrémont (février 1837), et cette fois une véritable campagne se prépara contre Constantine. Le corps expéditionnaire se composait de 13 000 hommes, répartis en quatre brigades : la première était commandée par le duc de Nemours, la seconde par le général Trézel, la troisième par le général Rulhières, la quatrième par le colonel Combes. Dix compagnies du génie furent placées sous la direction de Rohault de Fleury, et le lieutenant-général Valée reçut le commandement de l'artillerie. On emportait 17 pièces de siège et 16 pièces de campagne.

L'armée partit de Medjez-Hammar le 1er octobre 1837 et arriva le 6 devant Constantine. Des pavillons rouges flottaient sur les maisons; les femmes et les hommes criaient et poussaient des exclamations bruyantes. La batterie de brèche fut établie sur le plateau de Coudiat-Ati, et l'on put, le 11 octobre, se préparer à l'assaut, malgré plusieurs sorties impétueuses qui furent d'ailleurs repoussées et donnèrent au chef de bataillon Bedeau l'occasion de se faire remarquer. Avant de faire monter les troupes à l'assaut, Damrémont somma les assiégés de se rendre, mais il reçut cette fière réponse : « Il y a à Constantine beaucoup de munitions de guerre et de bouche; si les Français en manquent, nous leur en enverrons. Nous ne savons pas ce que c'est qu'une brèche ni une capitulation, nous défendrons à outrance notre ville et nos maisons. Les Français ne seront maîtres de Constantine qu'après avoir égorgé le dernier de ses défenseurs. » — Eh bien, s'écria Damrémont, ce sont des gens de cœur, mais l'affaire n'en sera que plus glorieuse pour nous. Puis il s'en alla avec le duc de Nemours examiner une dernière fois les travaux de brèche; mais un boulet le renversa, au moment même où le général Rulhières lui conseillait de s'éloigner en prévision d'un malheur.

Le général Valée prit alors le commandement en chef. Dans la nuit du 12 au 13, il assigna à chacune des trois colonnes d'assaut le poste qu'elle occuperait : la première eut pour chef le lieutenant-colonel Lamoricière; la seconde, le colonel Combes; la troisième, le colonel Corbin.

A sept heures du matin, le duc de Nemours donna le signal. A l'instant où s'élancent les zouaves de Lamoricière, un éboulement se produit, mais ces braves soldats finissent par trouver une issue conduisant à une porte intérieure. Tout à coup une explosion épouvantable se fait entendre : la caisse qui renfermait les réserves de poudre des assiégés avait pris feu. Les soldats de Lamoricière sont presque tous atteints, beaucoup même se trouvent engloutis sous les débris de muraille, mais ils se dégagent bientôt et reviennent à la charge. La première section de la deuxième colonne arrive à leur secours. Le chef de bataillon Bedeau qui la commandait voit un homme noirci par la poudre, aux vêtements calcinés, se lever brusquement et s'écrier : « *En avant! en avant!* » Il reconnaît dans ce courageux compagnon d'armes l'intrépide Le Flô, capitaine au 2ᵉ léger. Quant au colonel Combes, il reçut trois blessures, dont la dernière fut mortelle. On ne put cependant l'amener à l'ambulance que lorsque l'affaire eut été tout à fait décidée; il rencontra alors le duc de Nemours auquel, avec une fermeté qui défiait la souffrance, il rendit compte de sa mission : « Ceux qui vivront — ajoute-t-il — jouiront de la victoire; pour moi, je vais mourir à quelques pas d'ici; je vous recommande les officiers de mon régiment. » Le héros ne disait que trop vrai : quelques heures après il n'existait plus.

Lorsque les troupes furent entrées dans la ville, elles durent emporter et les maisons et des barricades très nombreuses. Enfin, les sapeurs du génie purent pratiquer des percées dans les murs mitoyens et communiquer d'une maison à l'autre : de cette manière, on tourna les assiégés, qui battirent en retraite. Le général Rulhières, qui venait d'arriver, vit un Maure courir vers lui avec précipitation; le pli blanc que cet homme tenait à la main était une offre de capitulation du pouvoir municipal de la cité arabe.

Bedeau, sur les ordres de Valée, se rendit chez le cheik El-Beled, avec une note par laquelle la France garantissait aux vaincus leur religion, leurs propriétés, leurs usages, leurs maisons, et la participation des principaux habitants soumis à l'administration de la ville. L'aga en chef de la place, présent à l'entrevue, se leva et dit à Bedeau : « Si tu me promets de pareilles conditions pour les habitants de la plaine et si elles sont exécutées, j'affirme qu'avant huit jours le marché de Constantine sera mieux approvisionné qu'il ne l'a jamais été au temps du bey ».

Ainsi fut prise la ville de Constantine. La victoire avait été chèrement achetée. Damrémont, Perregaux, Combes, Vieux, de Sérigny et beaucoup d'autres officiers d'une grande bravoure, moururent vaillamment sur la brèche.

XXXVIII

Le siège de Sébastopol.

(1855-1856.)

Après la bataille de l'Alma (20 septembre 1854), le maréchal de Saint-Arnaud, atteint d'une maladie mortelle, remit le commandement en chef au général Canrobert, et l'armée franco-anglaise marcha sur Sébastopol. Deux projets se présentaient aux généraux :

1° Attaquer Sébastopol par la mer, et par conséquent faire bombarder les forts par la flotte ;

2° Attaquer la ville par terre, et par conséquent établir l'armée assiégeante entre Sébastopol et Balaklava.

Le premier de ces projets était certainement préférable, mais le prince Menchikof avait eu l'ingénieuse idée de faire obstruer l'entrée de la rade en submergeant sept vaisseaux. On fut donc obligé d'entreprendre le siège par terre, et dès le 27 septembre, deux divisions françaises et deux divisions anglaises vinrent reconnaître, par les routes de Voronzof et de Balaklava, le plateau de Chersonèse. Les Russes, qui avaient mis tous leurs soins à fortifier la rade, furent bien surpris de se voir attaqués par le sud ; mais sans perdre un instant ils élevèrent des épaulements et se préparèrent à défendre avec énergie la muraille de Sébastopol, le bastion central, le bastion du Mât, la baie du sud, la tour Malakoff et les retranchements de Redan. En présence de ces obstacles, on n'essaya pas de prendre la ville d'assaut. On préféra avec raison faire un siège en règle, et l'on ouvrit la tranchée dans la nuit du 9 octobre. Les Anglais eurent la droite des attaques, les Français la gauche, et un corps mixte fut chargé de surveiller les sorties et les tentatives extérieures des assiégés. Pendant tout le temps que durèrent les travaux, les Russes dirigèrent sur les alliés le feu de leurs batteries; toutefois, en dépit de leurs efforts, tout se trouva prêt pour l'attaque le 16 octobre, et les deux amiraux et les deux généraux en chef décidèrent que l'ouverture générale de la canonnade aurait lieu le lendemain.

Le 17 octobre, à six heures et demie, trois bombes, tirées de la troisième batterie française, donnèrent le signal de l'attaque. Les assiégés ripostèrent immédiatement, et on tira de part et d'autre bordées sur bordées sans voir pour ainsi dire ce que l'on faisait, car la fumée de trois cents canons formait un nuage impénétrable. Vers huit heures, le feu se ralentit; nos généraux purent constater que le bastion central et les terrassements avaient déjà reçu de graves atteintes, et la canonnade recommença. « Le bombardement, dit M. Camille Rousset, durait ainsi sans évènement décisif depuis plus de trois heures, lorsque, de l'observatoire français, on vit tout à coup jaillir, bien au-dessus du nuage bas qui couvrait les batteries, un jet énorme de flamme et de fumée; un moment après, la terre trembla sous les pieds des spectateurs; puis, à travers le fracas de la canonnade, le choc d'une détonation plus violente frappa douleureusement leurs oreilles. Écrasé par une bombe russe, un magasin à poudre venait de sauter dans la batterie n° 4; seize cadavres affreusement mutilés, la plupart engagés sous les décombres, deux officiers grièvement atteints, trente-sept hommes blessés, gisant parmi des pièces renversées, des affûts brisés, des débris fumants, des pans de gabionnade en flammes, tel fut le spectacle qui saisit d'horreur les premiers témoins accourus. Une demi-heure après, l'explosion d'une caisse à gargousses ensanglantait, bouleversait pareillement la batterie n° 1 servie par la marine ». En présence de ces accidents, le général Thiry fit interrompre le tir des batteries. Les flottes vinrent alors prendre part à la lutte, et de une heure à cinq heures elles bombardèrent Sébastopol. A la tombée de la nuit, le combat fut interrompu. Les Français avaient perdu trente hommes, les Anglais quarante-quatre. Malgré le succès des batteries anglaises, du côté de Karabelnaïa le résultat de la journée restait aux assiégés, qui perdirent bien leur vice-amiral Kornilof et quatre cents soldats, mais qui donnèrent à entendre aux alliés que la prise de Sébastopol ne serait pas chose facile.

Le surlendemain, le bombardement recommença. En même temps, les Russes, commandés par le capitaine du génie Todleben, poussaient avec vigueur les opérations de défense et faisaient de nuit des sorties dans le but d'enclouer nos canons. De leur côté, les Français continuaient leur travaux d'approche : le 1ᵉʳ novembre, 47 nouveaux canons se mirent à tonner; le 5, jour de la bataille d'Inkermann, une sortie du major Timoféiff fut repoussée par les généraux la Motterouge, d'Aurelle et de Lourmel. Malheureusement un ennemi cent fois plus redoutable vint seconder les efforts des Russes : le mauvais temps. Le 14 novembre, un épouvantable ouragan se déchaîna sur la Crimée. « Du fond de l'horizon, dit l'auteur cité plus haut, les nuages bas, rasant presque le sol, passaient d'un bord à l'autre avec la vitesse de la foudre. Emportés par une force irrésistible, on voyait voler des pans de baraquements et des lambeaux de tentes... Dans Sébastopol, presque toutes les toitures avaient disparu et les grands magasins de la marine étaient à découvert. Sur les remparts comme dans les tranchées de siège, les batteries envahies par des eaux stagnantes ou ravinées par des torrents étaient inaccessibles..... Le danger était plus grand sur mer. Les lames accouraient du Sud-Ouest, monstrueuses, et leur creux profond disparaissait sous l'embrun que le souffle de l'ouragan arrachait incessamment de leur crête. A travers le mugissement de ces masses d'eau soulevées et le sifflement de ce vent rapide, on entendait les sourdes détonations du canon d'alarme ; c'était l'appel réitéré d'une foule de navires en détresse..... »

Les soldats fatigués demandaient l'assaut, mais le général Canrobert ne trouvait pas le moment favorable. Sur ces entrefaites, le général Niel arriva sous les murs de Sébastopol. Il déclara que l'on devait avant tout s'emparer de la tour Malakoff et il fit entreprendre sur-le-champ des travaux dans cette direction. Le 17 mars 1855, nous avions à notre disposition cinq cents bouches à feu. Ces préparatifs ne parurent pas effrayer les Russes, qui exécutèrent dans la nuit du 22 au 23 mars la plus vigoureuse sortie qu'ils aient faite pendant le siège. Malgré les efforts des zouaves et des chasseurs,

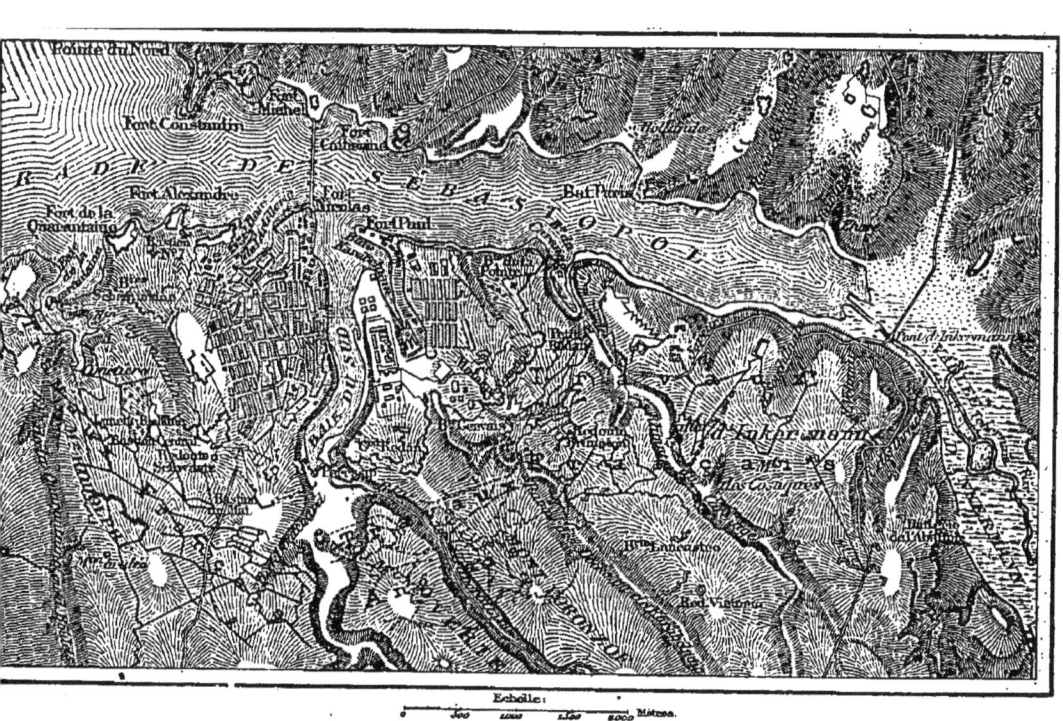

Fig. 31. — Carte pour suivre les opérations du siège de Sébastopol.

ils arrivèrent jusqu'aux parallèles et ne se retirèrent qu'après avoir mis 600 hommes hors de combat. Dans le courant du mois d'avril, notre armée s'empara d'un certain nombre d'embuscades et de positions extérieures, mais bientôt le général Canrobert, ne s'entendant pas avec Lord Raglan, donna sa démission et revint en France (mai 1855).

Le général Pélissier lui succéda dans le commandement en chef. Il fut décidé que le 7 juin l'assaut serait donné à la redoute du *Mamelon-Vert* et à l'*Ouvrage des Carrières*, au sud-est et au sud de Malakoff. Au signal donné, les troupes françaises s'élancent contre le Mamelon : le colonel de Brancion plante le drapeau du 50e régiment sur le parapet, pendant que le colonel Rose et les tirailleurs algériens s'emparent d'une batterie auxiliaire ; que le 3e zouaves, sous le colonel Polhes, occupe la gauche du mamelon, et que les généraux de Failly et de Lavarande envahissent le côté gauche. En outre, les Anglais s'emparent de l'*Ouvrage des Carrières*, et au bout de quelques heures de combat notre ligne d'attaque se trouve avancée d'environ 400 mètres. Alors, on entreprend l'attaque de la tour Malakoff. Le 18 juin, à trois heures du matin, notre armée, divisée en trois colonnes, se précipite vers le redoutable bastion ; mais une grêle de balles et de mitraille éclaircit les rangs, et les soldats voient successivement tomber à leurs côtés les généraux Brunet et Mayran, les lieutenants-colonels La Boussinière et Paulze-d'Ivoy, les colonels Boudville et Manèque. Pendant ce temps, les Anglais échouent au Grand-Redan, et Pélissier fait sonner la retraite. Les travaux d'approche sont alors repris avec vigueur jusqu'au 3 septembre, jour où la tour Malakoff fut assaillie pour la seconde fois.

L'attaque fut dirigée par le général Bosquet. Celui-ci avait sous ses ordres le général de Mac-Mahon, qui devait marcher sur Malakoff, et les généraux Dulac et La Motterouge, qui devaient s'emparer du Petit-Redan et de la Grande-Courtine. L'attaque du Grand-Redan fut réservée à l'armée anglaise. Enfin, on convint qu'à midi précis les trois colonnes monteraient à l'assaut.

Le jour dit, à l'heure indiquée, les généraux montent les premiers sur la crête des parapets, et, agitant leurs chapeaux en guise de signal, donnent l'exemple aux soldats. La colonne dirigée par Mac-Mahon, que 25 mètres seulement séparent de la tour, se précipite avec fureur, brave tous les obstacles, et plante le drapeau français sur le bastion. Les premiers Russes qui se présentent tombent foudroyés. Les autres se mêlent aux assiégeants, et pendant quelques instants on se bat à coups de crosses ou à coups de pierres; à la fin, les Russes se replient. Cependant, la division La Motte-rouge occupe la Grande-Courtine, la division Dulac s'empare du Petit-Redan, et bien que les Anglais échouent au Grand-Redan, la victoire est proche, car, comme le disait le général Niel, Malakoff est la clef de Sébastopol.

Dans la nuit du 8 au 9, les Russes, dont on se préparait à soutenir encore une fois l'attaque, évacuèrent la place sur l'ordre du prince Gortchakof. Avant de partir, ils firent sauter les batteries, les bastions, les redoutes et les magasins. Les vaisseaux mêmes furent coulés ou brûlés. Le 10, le général Pélissier parcourut Sébastopol et ses lignes de défense, et il fut presque étonné de l'importance des travaux accomplis par les

Fig. 23. — Épisode du siège de Sébastopol.

Russes. Enfin, le jour suivant, les alliés occupèrent Karabelnaïa et la ville, et le 12, « un ordre général annonçait à l'armée française que depuis la veille le chef qui l'avait conduite à la victoire était un maréchal de France [1] ».

[1] V. le savant ouvrage de M. Camille Rousset : *Histoire de la guerre de Crimée* (Hachette, éditeur).

XXXIX

Le siège de Strasbourg [1].

(1870.)

Dans les premiers jours du mois d'août 1870, le prince Frédéric-Charles, commandant en chef de la troisième armée prussienne, détacha sur Strasbourg une division badoise. La possession de Strasbourg, située sur la ligne de communication de l'Allemagne du Sud avec la France, était ardemment convoitée par nos ennemis, qui se rappelaient que cette place leur avait jadis appartenu. « O Strasbourg! — dit une chanson allemande — ô Strasbourg! ô cité admirablement belle, où sont enfermés tant de soldats, où sont emprisonnés aussi depuis plus de cent ans ma gloire et mon orgueil! Depuis plus de cent ans, fille de mon cœur, tu te consumes dans les bras du larron Welche, mais ta douleur cessera bientôt. O Strasbourg! ô Strasbourg! la fille de mon cœur! éveille-toi de tes rêves sombres; ô Strasbourg, tu vas être sauvée! »

Strasbourg était entourée d'ouvrages dessinant assez

---

[1] Nous avons consulté, pour les sièges mémorables de notre dernière guerre, outre la plupart des ouvrages publiés en France : *La guerre Franco-Allemande de* 1870-71, rédigée par la section historique du grand état-major Prussien, et les *Opérations des armées allemandes*, par le colonel Borbstaedt et par le major Blume (trad. Costa de Serda).

bien un triangle isocèle, dont le sommet se trouvait occupé par la citadelle et dont la base faisait face aux hauteurs de Hausbergen. Les dehors, partagés en plusieurs zones par l'Ill et la Bruche, constituaient, au dire même des Prussiens, la principale force de la place. « La place frontière de Strasbourg avait été négligée de la manière la plus inexcusable, bien qu'appelée à jouer un rôle important dans une guerre, soit offensive, soit défensive avec l'Allemagne.... Il était trop tard maintenant pour remédier à cette négligence; depuis que la dernière guerre était commencée, on avait également peu prévu et peu fait pour tout ce qui concernait la mise en état, l'armement des ouvrages très étendus qui entouraient la ville et la garnison nécessaire pour les défendre. Le 6 août, le jour de Wœrth, l'armement de Strasbourg n'était pas encore terminé, les glacis n'étaient pas dégagés, les remparts n'avaient pas de canons; on venait seulement d'ouvrir les écluses pour remplir les fossés. La confusion, la précipitation, étaient encore augmentées par l'arrivée, dans la soirée même, des fuyards de Wœrth qui se précipitaient dans la ville, où ils répandaient les plus effrayantes nouvelles[1].... »

Le général Uhrich, âgé de 68 ans et commandant la division territoriale des deux départements alsaciens, avait été nommé gouverneur de Strasbourg. Lorsqu'il vint prendre possession de son poste (21 juillet), l'état de siège était déclaré depuis six jours. Au 4 août, la garnison se trouvait ainsi composée :

Infanterie
- 87ᵉ de ligne, colonel *Blot*.
- 4ᵒˢ bataillons et dépôts du 18ᵉ et du 96ᵉ de ligne.
- Dépôts des 10ᵉ et 13ᵉ bataillons de chasseurs.

[1] Borbstaedt, *Opérations des armées allemandes*.

Cavalerie   Dépôt du 6ᵉ lanciers.

Artillerie
- 11 compagnies du 16ᵉ d'artillerie (pontonniers), colonel Fiévet.
- Dépôt du 5ᵉ régiment d'artillerie.
- Dépôt du 20ᵉ régiment d'artillerie.

Il y avait en outre dans la ville 458 ouvriers d'artillerie et train, des soldats du génie, des gendarmes, des douaniers, 3000 gardes mobiles et trois bataillons de garde nationale sédentaire. Pendant la seconde quinzaine d'août, la garnison comptait 23 000 hommes, commandés par le contre-amiral Exelmans, le colonel Blot, le général Joly-Frigola et le général Moreno. Le colonel Sabatier dirigeait le service du génie dans la ville même, et le commandant Ducrot remplissait les mêmes fonctions dans la citadelle. Le lieutenant-colonel Maritz s'occupait des travaux de défense, et l'artillerie fut confiée au général Barral, qui était parvenu à entrer dans Strasbourg, déguisé en paysan, depuis l'investissement de la place.

Après la bataille de Woerth, le général Uhrich constitua immédiatement un conseil de défense, qui s'occupa de placer des troupes dans les ouvrages extérieurs, de palissader le front le plus menacé et de faire transporter les approvisionnements qui se trouvaient encore dans les environs. L'intendant militaire déclara, le 7 août, « qu'en prenant pour base l'effectif actuel de la garnison, il avait du pain pour trois mois, de la viande pour deux mois et des campements pour dix mille hommes ». Enfin, quelques jours après, une proclamation du gouverneur annonça sa résolution de résister jusqu'au bout; elle se terminait ainsi : « Strasbourg se défendra tant qu'il restera un soldat, un biscuit, une cartouche! »

La division Badoise chargée des opérations du siège

partit de Brumath le 11 août, à midi. Elle se composait de 12 bataillons, 12 escadrons, et 9 batteries de campagne. Après avoir pris ses positions, elle se mit à bombarder la gare et le faubourg de Kronenbourg, situé au bord de l'ancienne route de Saverne ; puis, après une reconnaissance de l'ingénieur-général Schulz et du lieutenant-colonel de Leszczynski, l'ennemi s'occupa de prendre Schiltigheim, au nord de la ville. Malgré l'énergique fusillade d'un détachement français, des pionniers Badois parvinrent à établir un passage dans l'île de Robertsau, formée par l'Ill et le Rhin. Sur ces entrefaites, un arrêté du roi Guillaume, daté du 13 août, ordonna la formation d'un corps de siège placé sous les ordres du lieutenant-général de Werder. Ces renforts, joints à la division Badoise, allaient former un total de 46 bataillons, de 24 escadrons et de 18 batteries, à savoir :

Division badoise.	16 bat.	12 esc.	9 batt.
Division de landwehr de la garde.	12 bat.	4 esc.	3 batt.
1re div. de réserve.	18 bat.	8 esc.	6 batt.
	46 bat.	24 esc.	18 batt.

En outre, 6000 artilleurs et 10 compagnies de pionniers de place devaient être envoyés, avec 200 canons rayés, 88 mortiers et 50 fusils de rempart à aiguille.

Le général de Werder arriva le 15 août à Mundolsheim, où il établit son quartier général. Il constata que les projectiles dont disposaient les assiégés n'arrivaient pas jusqu'au cordon d'investissement, ce qui lui permit de faire avancer ses soldats près des murailles. Le 16 août, le colonel Fiévet tenta d'arrêter les progrès de l'ennemi et sortit avec deux bataillons d'infanterie,

400 cavaliers et 4 canons. Un violent engagement eut lieu au sud de Strasbourg, mais les Français, écrasés par le nombre, durent regagner la place. Trois jours après, le général Uhrich, voyant les batteries Badoises établies au nord et au sud de Kehl, fit bombarder cette ville : Werder se vengea en frappant l'Alsace d'une contribution, et le 21 août il fit commencer la canonnade, après avoir en vain sommé le gouverneur de se rendre.

L'évêque de Strasbourg se rendit aussitôt aux avant-postes de Schiltigheim et demanda au lieutenant-colonel de Leszczynski de laisser sortir les vieillards, les femmes et les enfants. Cette demande fut impitoyablement repoussée. « A la guerre, a écrit depuis un Allemand, les considérations d'humanité doivent céder le pas aux grands intérêts militaires, et c'est d'ailleurs faire acte d'humanité envers l'un et l'autre des partis en présence que de chercher à abréger la durée de la lutte. » Les Prussiens dirigèrent leurs projectiles sur les casernes et les magasins de l'État. Des incendies s'allumèrent dans plusieurs quartiers; la cathédrale ne fut pas même épargnée, et les hordes allemandes poussèrent le vandalisme jusqu'à brûler de fond en comble la bibliothèque, avec ses 300 000 volumes, ses précieux documents, ses manuscrits et une foule d'incunables d'une rare valeur. Huit cents familles virent leurs maisons dévorées par les flammes, et des magasins à poudre ne tardèrent pas à sauter. La conduite des Strasbourgeois fut alors admirable, de l'aveu même des barbares qui faisaient tant d'odieux ravages dans l'unique but d'*intimider* la population. « La population, dit Borbstaedt, continuait à supporter énergiquement ces dures épreuves, et les assiégeants attendaient vainement cette pression de l'opinion publique qui devait amener le commandant à se rendre plutôt que de vouer la ville à une ruine complète. Tout au contraire, ces quelques jours de bombardement avaient déjà provoqué un mouvement puissant de patriotisme local, qui se soutint avec le même dévouement pendant toute la suite du siège. Un corps de pompiers volontaires s'était formé, qui, bravant tout danger, déployait une infatigable activité partout où le feu se manifestait. Des cuisines populaires avaient été établies et nourrissaient journellement des milliers d'indigents ; des abris blindés avaient été construits le long des talus intérieurs des remparts au moyen de poutres posées obliquement et recouvertes de terre ; les familles sans abri, celles dont les habitations étaient menacées, y trouvaient un refuge assuré contre les bombes .... *Dans la nuit, la ville ne paraissant plus former qu'une mer de flammes, le général de Werder se décide à rendre le pas aux sentiments d'humanité et à ne pas abandonner la malheureuse cité à une entière destruction.* Ce général si humain ne fit interrompre le feu qu'à quatre heures du matin. A ce moment, il somma une seconde fois le gouverneur de se rendre, et avant même d'avoir la réponse, qui fut d'ailleurs négative, il fit recommencer la canonnade. Ce ne fut qu'après le 27 que le bombardement se ralentit peu à peu : alors commença l'attaque régulière de Strasbourg. Les Allemands avaient eu bien des égards pour une ville qu'ils appelaient *la fille de leur cœur!*

Les assiégeants choisirent comme point d'attaque le front nord-ouest de la place, entre la porte des Pierres et celle de Saverne. De ce côté, le terrain ne présentait aucun obstacle, et la nature du sol facilitait l'établissement des batteries et l'ouverture des tranchées. Dès le 29 août, 24 bataillons se mirent à l'œuvre et creusèrent près de 8 kilomètres de tranchées ; le lendemain, dans la matinée, les Strasbourgeois, qui ne croyaient pas l'ennemi si près, essayèrent d'arrêter les travaux, mais leur artillerie était tellement inférieure que les pièces furent immédiatement démontées par les batteries prussiennes. La deuxième parallèle se trouva achevée le 6 septembre, malgré le mauvais temps et la rigoureuse canonnade des assiégés. Dès lors, l'armée assiégeante renforça son feu, arma de nouvelles batteries, reçut de nouvelles pièces, et les 19 batteries d'attaque réduisirent au silence l'artillerie de la place ; on dut se servir presque exclusivement, pour résister aux Prussiens, de mortiers à tir recourbé établis dans des abris blindés.

Le général Uhrich, informé par Werder de la capitulation de Sedan, laissa ignorer cette triste nouvelle à la garnison, qui ne fut renseignée que le 12 septembre. Ce jour-là, l'association internationale de Genève, émue des souffrances des assiégés, fit demander au général allemand, par une députation spéciale, de laisser venir en Suisse les malades, les vieillards, les femmes, les enfants : Werder consentit à cette demande et 800 personnes sortirent de la ville. En même temps, la République fut proclamée à Strasbourg ; le préfet Pron fut destitué, et la Commission municipale choisit pour maire le brave et savant M. Kuss. Bientôt arriva à Strasbourg un homme qui donna l'exemple d'un patriotisme admirable ; nous avons nommé M. Valentin. « Déguisé en paysan, dit M. Jules Claretie, il était parvenu à Schiltigheim ; là, à travers les soldats prussiens, sautant dans la tranchée, il arriva, recevant par derrière le feu des Allemands, par devant celui des Français, jusqu'aux remparts, se jeta dans l'eau des fossés, aborda sous les balles et dit : « Je suis votre prisonnier, menez-moi de suite à votre général ». Une fois en présence du général Uhrich, M. Valentin découd la manche de son habit, en retire le décret officiel qui le nomme préfet de Strasbourg, et est installé à la préfecture. La légende s'emparera de ce trait d'un courage civique bien rare, et le nom de M. Valentin sera, malgré son court passage dans l'administration du département envahi et de la ville à demi ruinée, inséparable de celui de Strasbourg.

Bien que Werder eût laissé sortir les bouches inutiles, la famine n'allait pas tarder à sévir : on abattait déjà les chevaux, et depuis plus d'un mois les légumes frais étaient épuisés. A mesure que les munitions manquaient dans la place, les Prussiens redoublaient leurs feux et le bombardement continuait ses ravages. Le 24 septembre, le grand-duc de Bade écrivit au général Uhrich de ne pas continuer une lutte devenue inutile, mais le gouverneur refusa de capituler, et Werder décida qu'un assaut définitif aurait lieu dans la nuit du 28 septembre. La veille du jour fixé, 200 pièces couvrirent la ville de leurs feux. Le général Uhrich réunit le conseil de défense et lui demanda son avis. A l'unanimité, le conseil déclara qu'il était impossible de repousser l'assaut, et le drapeau blanc s'éleva sur la tour de la cathédrale. Dans la nuit, les négociateurs se rencontrèrent sous une tente à Königshoffen : les Français étaient représentés par le lieutenant-colonel Mangin et par le colonel Ducasse, les

Allemands par le lieutenant-colonel de Leszczynski et par le comte Henckel de Donnermsark. A deux heures, fut signée la capitulation suivante :

CAPITULATION DE STRASBOURG.

Le lieutenant général de Werder, commandant le corps de siège de Strasbourg, sollicité par le général de division Uhrich, gouverneur de Strasbourg, de mettre fin aux hostilités, est convenu avec lui, eu égard à la belle défense de la place, d'arrêter ainsi qu'il suit les termes de la capitulution :

« ARTICLE PREMIER. Le 28 septembre 1870, à huit heures du matin, le général Uhrich évacuera la citadelle, les portes d'Austerlitz, des Pêcheurs et Nationale.

« Ces points seront aussitôt occupés par des troupes allemandes.

« ART. 2. Le même jour à onze heures, la garnison française — y compris la garde mobile et la garde nationale — sortira de la place par la Porte Nationale, s'établira entre la lunette 44 et la redoute 57, et y déposera ses armes.

« ART. 3. Les troupes de la ligne et la garde mobile seront prisonnières de guerre et partiront immédiatement avec leurs sacs. Les gardes nationaux et les francs-tireurs demeureront libres contre engagement ; ils devront avoir déposé leurs armes à la mairie avant onze heures.

« A la même heure, les listes des officiers de ces troupes devront être entre les mains du général Werder.

« ART. 4. Les officiers et les fonctionnaires assimilés de la garnison française de Strasbourg auront la faculté de se rendre dans une ville de leur choix, après avoir engagé leur parole d'honneur de ne plus servir.

« La formule de cet engagement est jointe au présent procès-verbal.

« Les officiers qui ne signeraient pas l'engagement seront dirigés avec la troupe sur l'Allemagne.

« Tous les médecins militaires français continueront leurs fonctions jusqu'à nouvel ordre.

« Art. 5. Aussitôt après que les troupes auront déposé leurs armes, le général Uhrich s'engage à faire régulièrement remise aux agents allemands compétents de tout le domaine militaire, des caisses de l'État, etc.

« Les officiers et les fonctionnaires chargés de part et d'autre de cette opération se trouveront réunis le 28, à midi, sur la place Broglie.

« L'acte de capitulation a été rédigé et signé par les plénipotentaires dénommés ci-dessous : Pour les Allemands, le lieutenant-colonel de Leszczynski, chef d'état-major du corps de siège; le capitaine aide de camp comte Henckel de Donnersmark. Pour les Français, le colonel Ducasse, commandant de place de Strasbourg; le lieutenant-colonel Mangin, sous-directeur de l'artillerie. »

Suivent les signatures.

Le matin du 28 septembre, le gouverneur fit afficher sur les murs de Strasbourg une proclamation dont nous détachons ce qui suit :

Habitants de Strasbourg,

« Ayant reconnu aujourd'hui que la défense de la place de Strasbourg n'est plus possible et le conseil de défense ayant unanimement partagé mon avis, j'ai dû recourir à la triste nécessité d'entrer en négociations avec le général commandant l'armée assiégeante.

« Votre mâle attitude pendant ces longs jours de douloureuses épreuves m'a permis de retarder jusqu'à la dernière limite la chute de votre cité. L'honneur civil, l'honneur militaire, sont saufs, grâce à vous ; merci….

« Je conserverai jusqu'à mon dernier jour le souvenir des deux mois qui viennent de s'écouler, et le sentiment de gratitude et d'admiration que vous m'avez inspiré ne s'éteindra qu'avec ma vie.

« De votre côté, souvenez-vous sans amertume de votre vieux général, qui aurait été si heureux de vous épargner les malheurs, les souffrances et les dangers qui vous ont frappés, mais qui a dû fermer son cœur à ce sentiment pour ne voir devant lui que le devoir, la patrie en deuil de ses enfants.

« Fermons les yeux, si nous le pouvons, sur le triste et douloureux présent, et tournons-les vers l'avenir : là nous trouverons le soutien du malheureux, l'espérance !

« Vive la France à jamais ! »

Après l'évacuation de la place, les Allemands en prirent possession. Werder n'entra dans Strasbourg que le 30 septembre, jour anniversaire de la naissance de la reine Augusta. Il alla entendre un service divin à l'église Luthérienne de Saint-Thomas et se rendit ensuite avec ses généraux dans l'antique cathédrale qu'il avait eu le courage de bombarder !

XL

Le siège de Metz.

(1870).

Au lieu de marcher sur Verdun, lorsqu'il en était temps encore, le maréchal Bazaine ordonna aux troupes de se replier sur Metz, bien que l'armée possédât, après la bataille de Rezonville, 80 000 obus et des vivres pour quatre jours et demi de marche. La défaite de Saint-Privat (18 août) fut suivie de la retraite de Bazaine dans le camp retranché de Metz, et le prince Frédéric-Charles commença de suite à nous y bloquer. Aujourd'hui, tout le monde s'accorde à dire que, si le maréchal l'avait réellement voulu, il aurait pu percer les lignes prussiennes, mais il ne fit aucune tentative sérieuse pour atteindre ce but. « L'armée devait rester sous Metz, a-t-il dit dans son *Mémoire justificatif*, — parce que sa présence maintenait devant elle plus de 200 000 ennemis ; parce qu'elle donnait ainsi à la France le temps d'organiser la résistance, aux armées en formation de se constituer, et parce qu'en cas de retraite de l'ennemi elle le harcèlerait, si elle ne pouvait lui infliger de défaite définitive. » Mac-Mahon, qui marchait sur Metz pour opérer sa jonction avec Bazaine, fut désormais livré à lui-même ; on ne s'occupa pour ainsi dire pas de lui, et l'armée du Rhin ne quitta plus les glacis de Metz jusqu'à la capitulation.

Metz s'élève en partie sur une colline située entre la Seille et la Moselle, en partie sur les bords de ces deux rivières. Ses fortifications sont l'œuvre de Vauban et de Cormontaigne. Quelque temps avant la guerre franco-allemande, on avait commencé à construire autour de la ville les cinq forts de Saint-Julien, de Queuleu, de Saint-Privat, de Saint-Quentin et de Plappeville ; mais au début de la campagne les travaux n'étaient pas encore terminés. A l'approche de Frédéric-Charles, le commandant de la place, Coffinières, n'eut même pas l'idée de faire transporter à Metz les vivres, les bestiaux et les fourrages qui se trouvaient dans les environs. En revanche, il reçut dans la ville une foule de paysans qui fuyaient devant l'ennemi, et le nombre des bouches inutiles augmenta d'une façon inquiétante : trois cent-dix-huit ans plus tôt le duc de Guise avait pris une mesure contraire, — et il s'en était bien trouvé. Dès le 21 août, la ration de pain fut diminuée, et on commença à manquer de foin pour les chevaux. 200 000 hommes bloquaient la place !

Le maréchal Bazaine prétend que le désastre de Sedan et la formation du gouvernement de la Défense nationale lui semblèrent une *manœuvre de l'ennemi* faite pour influencer le moral de l'armée. Mais ce qui est étrange, c'est qu'en apprenant ces graves nouvelles il en demanda la confirmation à l'ennemi même qu'il soupçonnait de le tromper, et adressa une lettre au prince Frédéric-Charles, qui lui répondit aussitôt et se mit à sa disposition pour lui fournir tous les renseignements dont il pourrait avoir besoin.

Un conseil composé de tous les généraux de l'armée fut convoqué le 12 septembre et se rangea à l'avis du maréchal, qui avait décidé qu'on attendrait les événements sans sortir de Metz. Le 23 septembre, arriva au camp un étrange personnage, M. Régnier, que M. Dussieux juge avec raison comme il suit :

« M. Régnier n'est pas un agent prussien, quoiqu'il en ait, de prime abord, toutes les apparences ; c'est un chercheur d'aventures, un personnage bizarre et ambitieux, un esprit malsain, qui s'est cru appelé à jouer un rôle, qui devint, sans s'en douter et par l'aberration de ses propres idées, un agent de M. de Bismarck, et qui servit les intérêts de la Prusse en croyant servir ceux de l'Empire et de la France. Arrêté à Versailles en 1871 pour ses relations avec les Prussiens, il fut mis en liberté après une instruction longue et sérieuse qui prouva son innocence en tant qu'agent prussien. »

M. Régnier se rendit en Angleterre. Il ne put obtenir une audience de l'impératrice Eugénie, mais il fit écrire sur une photographie, par le prince impérial, quelques lignes insignifiantes à l'adresse de l'empereur. Muni de cette pièce sans valeur, il se présenta à Ferrières le 20 septembre et déclara à M. de Bismarck qu'il voulait faire signer la paix entre la Prusse et le gouvernement impérial rétabli. Le chancelier approuva le projet et laissa pénétrer à Metz M. Régnier, qui fut reçu par Bazaine et Canrobert en qualité d'*attaché au cabinet de l'Impératrice*, titre qu'il n'avait aucun droit à porter. Il se mit aussitôt à exposer son plan :

« Le maréchal rendra Metz ; il se retirera ensuite avec son armée dans une partie du territoire qui sera neutralisée et où l'on réunira les Chambres et le Conseil d'État ; la régence de l'Impératrice sera rétablie et soutenue par le maréchal et son armée ; les fonctionnaires de l'Empire reprendront leurs fonctions ; puis on traitera de la paix, après quoi l'on soumettra au peuple le choix d'un gouvernement. En attendant, un général de l'armée de Bazaine, Canrobert ou Bourbaki, sortira de la ville pour aller en Angleterre auprès de l'Impératrice, lui faire connaître le projet et la presser de l'adopter. » Bazaine se rangea à cet avis, sans toutefois rendre Metz ; mais Bourbaki quitta la place et vint en Angleterre : l'Impératrice ne l'attendait pas. Bourbaki, se voyant joué, essaya de rentrer dans Metz, mais il ne put y parvenir.

M. Régnier retourna près de M. de Bismarck pour lui rendre compte de son entrevue. Le chancelier lui avoua qu'il voulait bien faire la paix, mais à la condition que Metz lui serait rendu et que lui, Régnier, serait muni de pouvoirs réguliers donnés par le maréchal : Bazaine, cette fois, refusa net, et afin de détourner l'attention des soldats du départ de Bourbaki, livra les engagements de Peltre (27 septembre), de Ladonchamp (2 octobre) et de Saint-Remy (7 octobre) : ce furent les derniers combats qui eurent lieu avant la capitulation. Au lieu d'agir, on resta sous les murs de Metz sans essayer de percer les lignes ennemies. La disette se faisait sentir, l'armée se démoralisait, le camp se trouvait inondé par les pluies, 20 000 hommes étaient blessés ou malades, le reste manquait de bois pour se chauffer. Le 10, Bazaine, sur l'avis du conseil, envoya son aide-de-camp Boyer au quartier-général du roi de Prusse, à Versailles. M. de Moltke lui répondit qu'il accorderait à l'armée la capitulation pure et simple ; M. de Bismarck ajouta que, si l'Impératrice, appuyée par les troupes françaises, voulait négocier, on traiterait avec Bazaine : proposition qui fut presque aussitôt retirée par une dépêche du chancelier. Le conseil envoya alors Changarnier prier le prince Frédéric-Charles de laisser l'armée se retirer dans le midi de la France ou en Algérie ; puis, sur la réponse négative du prince, il décida qu'on capitulerait.

Le général Jarras, chef d'état-major, se rendit au château de Frescaty, quartier-général de Frédéric-Charles, et signa le 27 octobre la honteuse capitulation dont on va lire le texte et que Bazaine signa.

Ainsi, ce maréchal, dans lequel notre pauvre France avait mis sa confiance, se rendait sans avoir fait son devoir, sans avoir cherché à vaincre. Il acceptait pour lui et ses officiers des conditions autres que celles imposées aux simples soldats. Il trompait l'armée pour lui enlever ses drapeaux et les livrer à la Prusse, les faisant transporter à l'arsenal sous prétexte de les y brûler. « A quoi bon, a-t-il osé écrire, se préoccuper de ces *lambeaux d'étoffe* qui n'ont de valeur morale que quand ils sont pris sur le champ de bataille ? ils n'en ont aucune quand ils sont déposés dans un arsenal. » Trente et un drapeaux furent détruits par les soldats, qui ne pouvaient croire à un pareil crime. Un colonel, se campant fièrement devant Bazaine, lui déclara qu'un drapeau qui, comme le sien, avait fait tant de nobles campagnes, avait vu son régiment remporter tant de victoires, ne tomberait jamais aux mains de l'ennemi : la hampe fut brisée, le drapeau, troué par les balles, fut coupé en parties imperceptibles, et chaque soldat, la rage au cœur, sur sa poitrine en plaça un morceau.

CAPITULATION

« Art. premier. — L'armée française, sous les ordres du maréchal Bazaine, sera prisonnière de guerre.

« Art. 2. — La forteresse et la ville de Metz avec tous les forts, le matériel de guerre, les approvisionnements de toute espèce, et tout ce qui est propriété de l'État, seront rendus à l'armée prussienne, dans l'état où tout cela se trouve au moment de la signature de cette convention.

« Samedi, 29 octobre, à midi, les forts de Saint-Quentin, Plappeville, Saint-Julien, Queuleu, Saint Privat, ainsi que la porte Mazelle, seront remis aux troupes prussiennes.

« A dix heures du matin de ce même jour, des officiers d'artillerie et du génie, avec quelques sous-officiers, seront admis dans lesdits forts pour occuper les magasins à poudre et pour éventer les mines.

« Art. 3. Les armes ainsi que le matériel de l'armée, consistant en drapeaux, aigles, canons, mitrailleuses, chevaux, caisses de guerre, équipages de l'armée, munitions, etc., seront laissés à Metz et dans les forts à des commissaires militaires, institués par M. le maréchal Bazaine, pour être remis immédiatement à des commissaires prussiens. Les troupes, sans armes, seront conduites rangées d'après leur régiment ou corps, et en ordre militaire, aux lieux qui seront indiqués pour chaque corps. Les officiers rentreront alors librement dans l'intérieur du camp retranché, ou à Metz, sous la condition de s'engager sur l'honneur à ne pas quitter la place sans l'ordre du commandant prussien.

Les troupes seront alors conduites par leurs sous-officiers aux emplacements de bivouac. Les soldats conserveront leurs sacs, leurs effets et les objets de campement.

« ART. 4. — Tous les généraux, officiers, ainsi que les employés ayant rang d'officier, qui engageront leur parole d'honneur par écrit de ne pas porter les armes contre l'Allemagne, et de n'agir d'aucune manière contre ses intérêts jusqu'à la fin de la guerre actuelle, ne seront pas faits prisonniers de guerre; les officiers et employés qui accepteront cette condition conserveront leurs armes et les objets qui leur appartiennent personnellement.

Pour reconnaître le courage dont ont fait preuve, pendant la durée de la campagne, les troupes de l'armée et de la garnison, il est, en outre, permis, aux officiers qui opteront pour la captivité, d'emporter avec eux leurs épées ou sabres, ainsi que tout ce qui leur appartient personnellement ».

L'ennemi offrit au maréchal de rendre à l'armée les honneurs de la guerre; le maréchal refusa. Lorsqu'il se rendit au quartier-général de Frédéric-Charles, il fut obligé de se faire escorter par des gendarmes prussiens : à Ars-sur-Moselle, la population brisa les glaces de sa voiture et fut sur le point de lui faire un mauvais parti[1].

---

[1] Consultez : *La guerre sous Metz*, par Von Kameke; — *Metz, Campagne et négociations*, par un officier supérieur de l'armée du Rhin; — enfin, les débats du *Procès-Bazaine*.

Le 29 octobre, les vainqueurs prirent possession de Metz et de ses forts. Ils y trouvèrent 541 canons de campagne, 800 pièces de siège, le matériel de 85 batteries, 66 mitrailleuses ; cent cinquante trois mille hommes déposaient les armes ; une de nos premières places de guerre capitulait sans combat.

XLI

Le siège de Paris.

(1870-1871.)

Aucune guerre n'avait été entreprise avec plus de confiance que la guerre contre la Prusse, en 1870. Les rapports militaires représentaient les arsenaux remplis d'armes et les magasins d'approvisionnements regorgeant de vivres.

Mais, lorsque les désastres de Forbach, de Reichshofen, de Wissembourg, de Sedan, eurent appris à la France désillusionnée sa véritable situation; lorsqu'on vit le maréchal Bazaine bloqué sous les murailles de Metz, on commença alors à craindre l'issue d'une lutte inégale. Toutefois Paris conserva son assurance et se crut assez fort pour se défendre contre les Prussiens et les repousser.

Après la capitulation de Sedan (2 septembre) le prince de Prusse et le prince de Saxe marchèrent sur Paris : le premier s'avança par Ottigny, Reims, Epernay, Montmirail, Coulommiers, Créteil, et passa la Seine près de Villeneuve-Saint-Georges; le second prit les trois routes de Creil, Compiègne et Soissons. Tous deux devaient opérer leur jonction à Argenteuil.

Les Parisiens n'étaient pas restés inactifs pendant la campagne de Sedan. Dès le 19 août, ils avaient créé un comité de défense composé du maréchal Vaillant, des généraux Chabaud-Latour, Trochu, Guiod, d'Autemarre, d'Ervilly, Soumain, de l'amiral Rigault de Genouilly et de M. Jérôme David; on adjoignit à ce comité deux sénateurs et deux membres du Corps législatif, parmi lesquels se trouvait M. Thiers. Immédiatement, on isole les portes de leurs abords; on abat toutes les constructions comprises dans la zone militaire; on établit les pièces sur les parapets et on apporte sur les remparts deux millions de sacs à terre, l'amiral Rigault de Genouilly fait venir des arsenaux de la marine des canons d'une portée de 7 500 mètres qu'il confie à d'habiles marins. Dans les forts[1], on fait d'immenses préparatifs et on établit des lumières électriques pour éclairer, pendant la nuit, tous les mouvements des troupes ennemies. M. Dorian, ministre des travaux publics, organise les Commissions d'*Études*, d'*Armement*, de *Génie Civil* et des *Barricades*, destinées à s'occuper de la défense, chacune à un point de vue spécial. Clément Duvernois et l'intendant Perrier se chargent du soin des approvisionnements.

La garnison se composait du 13ᵉ corps (Vinoy) et du 14ᵉ corps (Ducrot), de 100 000 mobiles de province, de 18 bataillons de mobiles de Paris, de 2000 canonniers et de 8000 fusiliers de la marine, de 11 000 hommes de différentes armes (gardes de Paris, pompiers, etc.), d'une division de cavalerie et de gendarmerie à cheval. Elle possédait 124 batteries avec 800 bouches à feu et

---

[1] Voici les noms de ces forts, qui s'échelonnent sur un parcours de 39 kilomètres : Charenton, Vincennes, Nogent, Rosny, Noisy, Romainville, Aubervilliers, Est, Double-Couronne du Nord, La Briche, Mont-Valérien, Issy, Vanves, Montrouge, Bicêtre, Ivry, Charenton.

20 canonnières blindées. Pendant le blocus, on fondit 250 canons de 7 et on fabriqua des fusils et des projectiles.

« Les forts de Paris, dit M. Dussieux, construits à une époque où l'artillerie ne portait pas à plus de 1600 mètres, ne peuvent plus actuellement défendre la ville contre un bombardement. La véritable ligne de défense de Paris se trouve aujourd'hui sur les hauteurs d'Orgemont, au nord ; sur les plateaux de la Jonchère, de la Bergerie, de Garches et de Saint-Cucufa, à l'ouest ; sur les hauteurs de Châtillon, de Fontenay-aux-Roses, de l'Hay, de Chevilly et de Thiais, au sud, et sur celles de Cœuilly, d'Avron, à l'est, et de Montmorency au nord-est. Il aurait fallu pouvoir occuper et défendre toute cette ligne, mais le général Trochu avait trop peu de soldats pour le faire, et sauf Châtillon, qu'il essaya de conserver, il fut obligé de laisser les Prussiens s'emparer de toutes les positions dominantes ; ils les occupèrent dès le premier jour avec une connaissance des localités qui atteste de longues études antérieures. En possession de ces points qu'ils couvriront plus tard de batteries habilement placées, les Prussiens étaient maîtres de la situation ; ils n'eurent qu'à investir étroitement la place, comme ils avaient fait à Metz, repousser les attaques que l'on dirigea contre eux et attendre que Paris capitulât ».

Le 17 septembre le général Ducrot vint avec 40 000 hommes s'établir à Bagneux, Châtillon et Clamart, pour défendre les hauteurs de Meudon et de Châtillon, qui dominent les forts de la rive gauche et qu'il importait par suite de ne pas laisser prendre aux Prussiens. Il prit l'offensive le 19, à cinq heures du matin, et attaqua le prince de Prusse, mais 2000 zouaves, engagés volontaires, prirent la fuite dès que la fusillade commença et rentrèrent dans Paris en criant à la trahison. Ducrot se replia sur Fontenay-aux-Roses et engagea un nouveau combat vers midi, mais là encore une division l'abandonna et l'ennemi put occuper les hauteurs de Châtillon, que nous aurions dû garder à tout prix.

En apprenant la conduite indigne des zouaves, qui revenaient avec leurs cartouchières pleines, M. Gambetta, alors au fort de Bicêtre, fit afficher une proclamation : « Vous avez donné — disait-il aux assiégés — dans ces derniers jours, la preuve la plus manifeste de vos mâles résolutions; vous ne vous êtes laissé troubler ni par les lâches ni par les tièdes; vous ne vous êtes laissés aller ni aux excitations ni à l'abattement ; vous avez envisagé avec sang-froid la multitude des assaillants.

« Les premières atteintes de la guerre vous trouveront également calmes et intrépides, et si les fuyards venaient comme aujourd'hui porter dans la cité le désordre, la panique et le mensonge, vous resteriez inébranlables, assurés que la cour martiale qui vient d'être instituée par le gouvernement pour juger les lâches et les déserteurs saura efficacement veiller au salut et protéger l'honneur national. . . . . » Les déserteurs de Châtillon furent donc conduits à l'état-major de la place pour être mis à la disposition du conseil de guerre. La fureur était tellement grande dans la ville qu'on promena plusieurs de ces misérables dans les rues, au milieu des huées : leur capote était retournée et le mot *lâche* se lisait dans leur dos.

Le 22 septembre, le *Journal officiel* publia le résultat de l'entrevue qui avait eu lieu à Ferrières entre M. Jules Favre et M. de Bismarck. Les Prussiens demandaient déjà l'annexion de l'Alsace, M. Jules Favre repoussa de pareilles conditions et la guerre continua. En même temps, le gouvernement publiait la déclaration qui suit :

« On a répandu le bruit que le gouvernement de la Défense nationale songeait à abandonner la politique pour laquelle il a été placé au poste de l'honneur et du péril.

« Cette politique est celle qui se formule en ces termes : Ni un pouce de notre territoire ni une pierre de nos forteresses.

« Le gouvernement la maintiendra jusqu'à la fin. »

Paris en effet avait décidé qu'il résisterait à outrance. Une autre ville lui donnait alors l'exemple, et la statue de Strasbourg, sur la place de la Concorde, était couverte de fleurs et de drapeaux.

Le 23 septembre, les Parisiens remportèrent différents avantages: l'amiral Saisset chassa les Prussiens de Drancy et poussa une reconnaissance jusqu'au Bourget. Le général de Bellemare débusqua l'ennemi de Pierrefitte. Enfin, la division Maud'huy, déjà maîtresse du Moulin-Saquet et de Vitry, réussit à s'emparer de Villejuif et de la redoute des Hautes-Bruyères. Le général Trochu décida alors qu'on engagerait une action importante pour savoir au juste de quelles forces disposaient les Prussiens dans les positions de L'Hay, de Chevilly, de Thiais et de Choisy-le-Roi. Dans la nuit du 29 au 30, Vinoy massa donc ses troupes vers les forts d'Ivry, de Bicêtre et de Montrouge, et il attaqua l'ennemi. Sur tout le plateau de Villejuif, l'engagement devint général et dura trois heures. Le 35ᵉ et le 45ᵉ de ligne, dirigés par le général Guilhem, refoulèrent l'ennemi hors de Chevilly ; un détachement de la division Maud'huy prit Thiais, où il trouva une batterie qu'il ne put faire enlever, faute d'attelages. Bientôt l'ennemi nous opposa 30 000 hommes et le général Vinoy ordonna la retraite, ses troupes n'étant pas assez nombreuses. Guilhem périt sur le champ d'honneur, mais les Prussiens rendirent aux Français son corps enfermé dans un cercueil couvert de fleurs. A l'inhumation, le gouverneur de Paris prononça ces paroles : « Messieurs, à l'heure présente, l'appareil de la mort n'a rien qui doive nous effrayer. Notre devoir, pour la plupart, notre avenir, pour tous, est là. . . . . Les phrases de convention et de convenance seraient déplacées ; je ne dirai qu'un mot devant ce cercueil : le général Guilhem a bien vécu, il s'est bien battu et il est mort en brave. Messieurs, je le recommande à votre souvenir ».

Le combat de Chevilly ramena la confiance dans l'esprit des soldats. Tout à coup, on apprit que Strasbourg venait de se rendre, et cette capitulation, que l'on prévoyait, affecta douloureusement les Parisiens, sans toutefois les décourager. Bien au contraire, on s'exerça plus que jamais au maniement des armes, on ne quitta plus le rempart, on se prépara à la résistance.

Dans les premiers jours du siège, les compagnies de la garde nationale avaient nommé des délégués pour la formation d'un *Comité central républicain* des vingt arrondissements de Paris. Ces délégués se réunirent, le 20 septembre, dans la salle de l'Alcazar, et, après avoir fait vérifier leurs pouvoirs, se rendirent à l'Hôtel-de-Ville où ils furent reçus par M. Jules Ferry. Ils lui demandèrent si le gouvernement provisoire avait bien l'intention de résister à outrance, s'il consentirait à confier à la municipalité de Paris le soin d'organiser la police, si enfin les élections municipales auraient bientôt lieu. M. Jules Ferry répondit que le gouvernement ne traiterait à aucun prix; que la municipalité, lorsqu'elle serait nommée, agirait relativement à la police comme elle l'entendrait; que les élections n'auraient pas lieu avant le 28. Cette déclaration sembla satisfaire les délégués; mais le 5 octobre, Gustave Flourens, qui commandait les bataillons de Belleville, arriva devant l'Hôtel-de-Ville avec ses soldats et demanda au gouvernement dix mille chassepots pour marcher contre les Prussiens. Trochu répondit que notre armement n'était pas assez complet; M. Dorian s'engagea à fournir dans un délai de quinze jours dix mille fusils à tabatière et 60 mitrailleuses; enfin M. Ferry dit aux officiers : « Vous leur direz (aux soldats) que nous les mènerons au feu dès que ce ne sera plus les mener à la boucherie.... et que les élections municipales auront lieu dès que les listes électorales seront en état ». Flourens, en descendant de l'Hôtel-de-Ville, fut accueilli avec enthousiasme par ses bataillons, mais la majorité des Parisiens vit avec peine cette espèce d'émeute, si agréable à M. de Bismarck, qui comptait sur des désordres pour nous écraser. Le lendemain, le général Tamisier, commandant en chef de la garde nationale, publia un ordre du jour par lequel il engageait les gardes nationaux à ne plus recommencer de manifestations capables de nuire à la discipline de l'armée et par suite d'affaiblir la défense. Le même jour (6 octobre), on afficha ce qui suit sur les murs de la capitale :

« Le gouvernement reçoit à l'instant les lignes suivantes, qu'il transcrit textuellement :

« La province se lève et se met en mouvement.

« Les départements s'organisent.

« Tous les hommes valides accourent au cri : Ni un pouce de terrain, ni une pierre de nos forteresses. Sus à l'ennemi ! guerre à outrance !

« *Signé :* GLAIS-BIZOIN. »

Il est temps de dire que quelques jours avant l'investissement de Paris le gouvernement avait délégué à Tours, pour organiser la défense en province, MM. Crémieux et Glais-Bizoin, auquel on adjoignit l'amiral Fourichon. Le gouvernement chargea quelques semaines après M. Gambetta de se joindre à cette délégation, après lui avoir confié les deux portefeuilles de la guerre et de l'intérieur.

Le 7 octobre, à dix heures du matin, M. Gambetta monta dans la nacelle de l'*Armand-Barbès* et le ballon s'enleva aux acclamations de la foule. Le ministre emportait une proclamation adressée aux départements et que nous reproduisons en entier :

Français,

« La population de Paris offre en ce moment un
« spectacle unique au monde :

« Une ville de deux millions d'âmes, investie de toutes parts, privée jusqu'à présent, par la criminelle incurie du dernier régime, de toute armée de secours, et qui accepte avec courage, avec sérénité, tous les périls, toutes les horreurs d'un siège.

« L'ennemi n'y comptait pas, il croyait trouver Paris sans défense ; la capitale lui est apparue hérissée de travaux formidables, et, ce qui vaut mieux encore, défendue par 400 000 citoyens qui ont fait d'avance le sacrifice de leur vie.

« L'ennemi croyait trouver Paris en proie à l'anarchie ; il attendait la sédition qui égare et qui déprave, la sédition qui, plus sûrement que le canon, ouvre à l'ennemi les places assiégées.

« Il l'attendra toujours. Unis, armés, approvisionnés, résolus, pleins de foi dans la fortune de la France, les Parisiens savent qu'il ne dépend que d'eux, de leur bon ordre et de leur patience, d'arrêter, pendant de longs mois, la marche des envahisseurs.

« Français ! c'est pour la patrie, pour sa gloire, pour son avenir, que la population parisienne affronte le fer et le feu de l'étranger.

« Vous qui nous avez déjà donné vos fils, vous qui nous avez envoyé cette vaillante garde mobile dont chaque jour signale l'ardeur et les exploits, levez-vous en masse et venez à nous : isolés, nous saurions sauver l'honneur ; mais avec vous et par vous, nous jurons de sauver la France. »

Après le départ de M. Gambetta, le *Journal officiel* publia un avis du gouvernement en vertu duquel les élections étaient ajournées. M. de Kératry, préfet de police, donna sa démission et sortit de Paris en ballon pour aller remplir une mission militaire dans les départements. Son successeur fut M. Edmond Adam, ancien représentant du peuple.

A ce moment, la municipalité organisa le service de

la boulangerie et de la boucherie. « Chaque famille, dit un témoin oculaire, reçut une carte pour le pain et une pour la viande, et fut astreinte à se servir toujours à la même boulangerie et à la même boucherie, pour le pain tous les jours, pour la viande tous les trois jours. Cette dernière fut d'abord rationnée à 100 grammes par personne et par jour; mais, à mesure qu'elle diminua, la ration descendit jusqu'à 25 grammes : 75 grammes par personne pour trois jours. On consomma d'abord les bœufs, les moutons et les porcs; puis il fallut se rejeter sur la viande de cheval, depuis le milieu d'octobre jusqu'à la fin du siège..... Dès les cinq heures du matin, souvent par une pluie battante, on voyait d'immenses queues se dérouler à la porte des boucheries; chaque nouveau venu prenait sa place à la suite : malheur à l'impatient qui eût voulut se glisser sournoisement dans le rang ! les hommes l'eussent accablé de horions, les femmes ne lui eussent pas laissé un cheveu sur la tête..»

En même temps, les opérations militaires suivaient leur cours. Le général Trochu et le général Ducrot élaboraient secrètement un plan d'attaque : Ducrot sortirait de Paris avec 60 000 hommes. Appuyé par les redoutes de Gennevilliers, il forcerait le passage de la Seine à Bezons et gagnerait Pontoise par Cormeil et Sannois. De là, il marcherait sur Rouen et établirait son armée sur les plateaux de Boos et d'Oissel. Dès lors, si les troupes Prussiennes se divisent pour suivre Ducrot, la chaîne d'investissement se desserre et Trochu sort ; — si au contraire l'ennemi reste devant Paris, Ducrot, se joignant à l'armée du Nord, menace les Prussiens sur leur flanc droit, tandis qu'une partie de l'armée qu'on organise sur la Loire les menace sur leur flanc gauche. Metz se trouvant bloqué, on n'aurait à combattre que devant Paris.

Le 13 octobre, Vinoy avait enlevé le village de Bagneux, qu'il dut abandonner en présence des masses prussiennes. Le 21, le général Ducrot, voyant l'ennemi sur le point d'investir Rueil et Nanterre, résolut de le débusquer de ses positions : il importait fort de n'avoir pas les Prussiens sur notre flanc gauche, quand on voudrait passer la Seine à Bezons. Ducrot sortit avec 10 000 hommes et 120 bouches à feu, et les Allemands, chassés de Rueil et de la Malmaison, furent repoussés jusqu'à Saint-Cucufa et la Jonchère. Le plan de Trochu allait donc pouvoir être mis à exécution. Les assiégés, encouragés par ce premier succès, reçurent à ce moment une dépêche de M. Gambetta annonçant la formation d'une armée de secours de 90 000 hommes. L'enthousiasme est à son comble. Le 27 octobre, en face du Panthéon, s'élève une estrade pavoisée : un drapeau noir flotte au-dessus des noms de Strasbourg, de Toul et de Châteaudun, et sur une bande de toile blanche, on lit :

CITOYENS, LA PATRIE EST EN DANGER.

Enrôlements volontaires de la garde nationale.

Une foule de jeunes gens se précipitent et s'engagent à défendre leur malheureux pays. Le lendemain, le général de Bellemare, gouverneur de Saint-Denis, envoya les Francs-tireurs de la *Presse* sur le Bourget, qui fut enlevé ; mais le surlendemain cette position, laissée sans artillerie, retomba au pouvoir de l'ennemi. On ne s'imagine guère quel sentiment d'indignation s'empara de tous les cœurs, lorsqu'on lut sur les murs de Paris cette étonnante nouvelle :

« Le gouvernement vient d'apprendre la douloureuse nouvelle de la reddition de Metz. Le maréchal Bazaine et son armée ont dû se rendre après d'héroïques efforts que le manque de vivres et de munitions ne leur permettait plus de continuer. Ils sont prisonniers de guerre.

« Cette cruelle issue d'une lutte de près de trois mois causera dans toute la France une profonde et pénible émotion. Mais elle n'abattra pas notre courage. Pleine de reconnaissance pour les braves soldats, pour la généreuse population, qui ont combattu pied à pied pour la patrie, la ville de Paris voudra être digne d'eux. Elle sera soutenue par leur exemple et par l'espoir de les venger. »

La consternation se peint sur les visages, et l'on accueille avec indifférence l'annonce d'un prochain armistice, dû à l'intervention des puissances étrangères. Pour satisfaire les mécontents du 31 octobre[1], le gouvernement fixa au 5 novembre les élections municipales, mais auparavant il demanda à l'armée et au peuple si le gouvernement de la Défense nationale devait ou non rester debout. Le vote donna 558 000 *oui* contre 62 000 *non*. Fort de cette majorité, le gouvernement fit destituer 14 chefs de bataillons[2]; Tibaldi, Vésinier, Vermorel, Lesfrançais, furent arrêtés, puis relâchés; Edmond Adam, n'approuvant pas ces arrestations, donna sa démission et fut remplacé à la préfecture de police par M. E. Cresson.

---

[1] Le récit de cette insurrection appartient à l'histoire de la Commune, et l'on comprendra sans peine pourquoi nous le laissons de côté.

[2] Ce sont : Flourens, Razoua, Goupil, Ranvier, de Frémicourt, Jaclard, Cyrille, Levraud, Millière, Gromier, Barberet, Dietsch, Longuet, Chassin.

Les élections du 5 furent généralement calmes. Dès qu'on les eut terminées, on s'occupa de la proposition d'armistice, dont la Russie, l'Autriche, l'Italie, l'Angleterre, puissances neutres, avaient pris l'initiative. Le gouvernement avait posé comme conditions : le ravitaillement de Paris proportionnellement aux 25 jours que devait durer l'armistice et le vote de toute la population française pour l'Assemblée nationale. Mais M. de Bismarck voulut qu'on lui livrât un des forts de Paris, et la proposition d'armistice fut repoussée. Pendant ce temps, les provisions commençaient à atteindre des prix fort élevés et le chiffre de la mortalité croissait tous les jours. Le général Trochu organisa alors d'une manière définitive la garde nationale, commandée par Clément Thomas, en remplacement de Tamisier. Les forces militaires furent divisées en trois armées, formant un total de 650 000 hommes :

1re armée (*Clément Thomas*) : garde nationale (266 bataillons).
2e armée (*Ducrot*) : ligne, 3 brigades de mobiles, 1 division de cavalerie.
3e armée (*Trochu*) : marins, corps spéciaux, le reste de la garde mobile et une division de cavalerie.

Trochu fut commandant en chef, le général Schmitz, chef d'état-major général ; le général Foy, sous-chef d'état-major ; le général Guiod, commandant de l'artillerie ; le général Chabaud-Latour, commandant du génie ; Wolf, intendant général. — Cette organisation reçut quelques modifications dans le courant du siège.

Tous ces soldats faisaient l'exercice et se préparaient à la grande sortie. Dans beaucoup d'arrondissements se formaient des souscriptions pour faire fabriquer des canons. On avait d'autant plus d'espoir qu'on com=

muniquait avec la province au moyen des pigeons voyageurs et des ballons.

Le 28 novembre eut lieu la sortie si impatiemment attendue : le courage des soldats fut encore enflammé par une proclamation patriotique du général Ducrot. Seulement, la nouvelle de la victoire de Coulmiers et de la reprise d'Orléans avaient fait abandonner le plan du général, qui dut céder à l'opinion publique et reporter ses efforts du côté de la Marne. Il est malheureusement à remarquer que pendant toute la durée de cette pénible campagne un ordre fut presque toujours suivi d'un contre-ordre, ce qui détruisait les combinaisons et donnait à l'ennemi de grands avantages sur nos troupes. Au milieu de la nuit, le feu s'ouvrit entre Bezons et Argenteuil. A l'aube, le contre-amiral Pothuau enleva la position de la Gare-aux-Bœufs, à Choisy-le-Roi. Le colonel Valentin attaqua le village de L'Hay et s'empara des premières lignes. Les canonnières du capitaine Thomasset en amont du Port-à-l'Anglais, les wagons blindés à Vitry, l'artillerie du moulin Saquet et du fort de Charenton, abîmèrent les Prussiens.

L'action reprit le lendemain. Un corps d'armée du général Ducrot passa la Marne sur des ponts de bateaux et s'établit à Champigny et à Bry. La division Susbielle s'empara de Montmély, qu'elle évacua bientôt. L'amiral de La Roncière s'avança sur la route de Lonjumeau. Enfin, la division de cavalerie Bertin de Vaux occupa Drancy, et la brigade Henrion prit le village d'Épinay. Après un jour de repos le combat recommença en avant du plateau d'Avron et des forts de Nogent, de Gravelle et de Charenton (2 décembre). « Les Prussiens essuient de graves pertes et laissent entre nos mains près d'un millier de prisonniers. Nos troupes épuisées soutiennent avec fermeté le choc de troupes fraîches ». Malgré cela, l'armée de Ducrot dut repasser la Marne et bivouaqua dans le bois de Vincennes.

Sur ces entrefaites, un parlementaire de M. de Moltke apporta au général Trochu une lettre par laquelle on l'informait qu'Orléans était retombé au pouvoir des Allemands. Beaucoup pensent qu'alors on aurait dû faire la paix. Beaucoup aussi — et Trochu est du nombre — pensaient que la province pouvait encore venir et qu'il fallait résister jusqu'au bout.

Le 21 décembre, une sortie fut faite pour appuyer les opérations du général Faidherbe au nord : on ne put occuper le Bourget, mais on prit Drancy. Pendant ce temps, on exécutait deux diversions : l'une à l'est, à la Ville-Evrard, qu'on enleva aux Saxons, l'autre à l'ouest, à Buzenval.

Quel était l'état de la ville, au 27 décembre, jour où commença le bombardement de Paris?

Dès le mois d'octobre, les subsistances avaient acquis un prix inabordable pour le plus grand nombre : les brochets valaient de 7 à 14 fr.; les anguilles, de 12 à 15 fr.; le beurre frais, 5 fr. la livre; les haricots, 2 fr. le litre. Au milieu de novembre, les œufs frais coûtaient 1 fr. la pièce. Les bœufs, les vaches, les moutons, les porcs, les salaisons, étaient mangés, et on en était arrivé aux chevaux, aux chiens, aux rats. On vit au marché Saint-Germain une voiture de boucherie dont les faces latérales portaient l'inscription :

RÉSISTANCE A OUTRANCE.

Grande boucherie canine et féline.

Au fond, on lisait ces vers :

L'héroïque Paris brave les Prussiens,
Il ne sera jamais vaincu par la famine ;
Quand il aura mangé la race chevaline,
Il mangera ses rats, et ses chats et ses chiens.

Au mois de décembre, les maires commencèrent le rationnement du pain, qui devint général à partir du 19 janvier. Cependant « le crédit public se maintint avec une grande fermeté ; il n'y a pas eu, dans cette crise formidable, de désastres financiers comme en 1848 ; le 29 décembre, le 3 pour 100 valait encore 52 francs ; les obligations de chemins de fer étaient cotées à la Bourse de 290 à 304. Le capital subordonna son intérêt à son patriotisme. Le 15 octobre, 90 millions du dernier emprunt furent versés par anticipation, et le 9 janvier les banquiers de Paris offrirent à l'État 400 millions ».

Le 27, les Prussiens se mirent à bombarder le plateau d'Avron ; puis, le 30, ce fut le tour des forts de l'Est ; le 5 du mois suivant, les obus ravagèrent les forts du sud et la partie méridionale de Paris : la Pitié, le Val-de-Grâce, l'hôpital des Enfants-Malades, les Jeunes-Aveugles, les Incurables, les collections du Jardin des Plantes. Dans l'école des Frères de la rue de Vaugirard, cinq enfants furent tués par un obus.

Une grande affiche rouge demanda le renversement du gouvernement de la Défense nationale, qu'on accusait de ne pas faire son devoir. Pour calmer l'agitation des esprits, on organisa une sortie pour le 19 janvier, le lendemain du jour où le roi de Prusse devait être proclamé Empereur d'Allemagne dans le château de Versailles. Le général Trochu voulait que cette sortie fût dirigée contre Châtillon, où les Prussiens avaient établi leurs batteries les plus meurtrières ; mais les officiers généraux désapprouvèrent un projet qui présentait de sérieux obstacles, et il fut décidé qu'on attaquerait l'ennemi du côté de Saint-Cloud et qu'on marcherait sur Versailles en cas de succès. L'armée qui devait combattre comptait 100 000 hommes. Elle avait pour chef le général Trochu, ayant sous ses ordres Vinoy, Ducrot et de Bellemare.

Le général de Bellemare marcha sur Garches et le plateau de la Bergerie, Vinoy fut lancé contre les hauteurs de Montretout : tous deux réussirent ; mais ils durent, afin de n'être pas débordés sur leur droite, attendre le général Ducrot, chargé d'enlever le château de Buzenval. Les Prussiens mirent à profit ce temps d'arrêt : ils réunirent leurs réserves à Garches, firent venir des renforts et nous opposèrent une armée de 30 000 hommes : le soir ce chiffre avait presque doublé. Il fallut donc opérer la retraite, et les Français rentrèrent dans Paris, après avoir perdu 5000 des leurs[1]. Parmi les morts se trouvaient l'artiste Henri Regnault, l'auteur de *Salomé* ; Gustave Lambert, qui avait interrompu les préparatifs de son expédition au pôle nord pour servir sa patrie ; le marquis de Coriolis, volontaire à soixante-sept ans ; le lieutenant-colonel de Rochebrune, mortellement frappé d'une balle au moment où, levant son sabre, il s'écriait : « *En avant !* ». Certes, un pays qui compte de tels enfants peut être un instant abattu, mais il se relève toujours.

La perte de cette bataille souleva contre le général

---

[1] On pourra consulter sur cette sortie les *Sièges de Paris*, par M. Borel d'Hauterive, et l'ouvrage de M. Dussieux *Histoire de la guerre franco-allemande de* 1870-71.

Trochu la population et le gouvernement. Tout en conservant la présidence, le soldat perdit le commandement en chef des troupes, qui fut donné au général Vinoy. Le 22 janvier, les partisans de la Commune attaquèrent l'Hôtel-de-Ville, mais Vinoy triompha de cette insurrection ; le lendemain, il fit fermer les clubs.

Pendant ce temps la famine croissait : il n'y avait plus de vivres que pour quelques jours, et la majeure partie de la population, dénuée de ressources, ne pouvait acheter les rares aliments qui se vendaient encore, mais à des prix exorbitants : le beurre frais valait de 38 à 40 fr. la livre ; une poule coûtait 35 fr. ; une dinde 125 fr. ; une betterave 4 fr. ; le boudin de cheval, 2 fr. 20 c. la livre.

Le 26 janvier, le *Journal officiel* annonçait qu'on traitait dans le moment même : M. Jules Favre était à Versailles depuis quelques jours, il négociait avec M. de Bismarck. Le bombardement continua quelques instants encore, puis un silence lugubre se répandit dans la capitale. Chacun, les larmes aux yeux, attendait l'issue de cette conférence si funeste à la France et dont nous étions réduits à accepter le résultat, quel qu'il fût. Pendant deux jours, on resta livré à soi-même, à toutes les angoisses de l'attente.

Enfin, le *Journal officiel* du 28 janvier contenait les lignes suivantes, qui furent comme autant de coups de poignard pour tous les cœurs français :

CONVENTION POUR L'ARMISTICE.

« C'est le cœur brisé de douleur que nous déposons les armes. Ni les souffrances ni la mort n'avaient pu contraindre Paris à ce cruel sacrifice; il ne cède qu'à la faim; il s'arrête quand il n'a plus de pain. Dans cette cruelle situation, le gouvernement a fait tous ses efforts pour adoucir l'amertume d'un sacrifice imposé par la nécessité. Depuis lundi soir, il négocie. Ce soir a été signé un traité qui garantit à la garde nationale tout entière son organisation et ses armes : l'armée, déclarée prisonnière de guerre, ne quittera point Paris. Les officiers garderont leur épée. Une assemblée nationale est convoquée. La France est malheureuse, mais elle n'est pas abattue. Elle a fait son devoir, elle reste maîtresse d'elle-même.

« Voici le texte de la convention signée ce soir, à huit heures, et rapportée par le ministre des affaires étrangères :

CONVENTION.

« Entre M. le comte de Bismarck, chancelier de
« la confédération Germanique, stipulant au nom de
« S. M. l'Empereur d'Allemagne, roi de Prusse, et
« M. Jules Favre, ministre des affaires étrangères du
« gouvernement de la Défense nationale, munis de
« pouvoirs réguliers,

« Ont été arrêtées les conventions suivantes :

« ARTICLE PREMIER. Un armistice général, sur toute la
« ligne des opérations militaires en cours d'exécution
« entre les armées allemandes et les armées françaises,
« commencera pour Paris aujourd'hui même; pour
« les départements, dans un délai de trois jours. La
« durée de l'armistice sera de vingt et un jours à
« dater d'aujourd'hui, de manière que, sauf le cas où il

« serait renouvelé, l'armistice se terminera partout le
« 19 février, à midi.

« Les armées belligérantes conserveront leurs posi-
« tions respectives, qui seront séparées par une ligne
« de démarcation (*suit la délimitation de cette ligne*).

« Art. 2. L'armistice ainsi convenu a pour but de
« permettre au gouvernement de la Défense nationale de
« convoquer une Assemblée librement élue qui se pro-
« noncera sur la question de savoir si la guerre doit
« être continuée ou à quelles conditions la paix doit
« être faite.

« L'Assemblée se réunira dans la ville de Bordeaux.

« Art. 3. Il sera fait immédiatement remise à l'armée
« allemande, par l'autorité militaire française, de tous
« les forts formant le périmètre de la défense extérieure
« de Paris, ainsi que de leur matériel de guerre......

« Art. 4. Pendant la durée de l'armistice, l'armée
« allemande n'entrera pas dans Paris.

« Art. 5. L'enceinte sera désarmée de ses canons...

« Art. 6. Les garnisons (armée de ligne, garde-
« mobile et marins) des forts et de Paris seront prison-
« nières de guerre, sauf une division de 12 000 hommes
« que l'autorité militaire dans Paris conservera pour le
« service intérieur.

« Les troupes prisonnières de guerre déposeront
« leurs armes...... Ces troupes resteront dans l'inté-
« rieur de la ville, dont elles ne pourront pas franchir
« l'enceinte pendant l'armistice.....

« A l'expiration de l'armistice, tous les militaires
« appartenant à l'armée consignée dans Paris auront à
« se constituer prisonniers de guerre de l'armée alle-
« mande, si la paix n'est pas conclue jusque-là.

« Les officiers prisonniers conserveront leurs armes.

« Art. 7. La garde nationale conservera ses armes ;
« elle sera chargée de la garde de Paris et du maintien
« de l'ordre.....

« Tous les corps des francs-tireurs seront dissous
« par une ordonnance du gouvernement français.

« Art. 10[1]. Toute personne qui voudra quitter Paris
« devra être munie de permis réguliers délivrés par
« l'autorité militaire française et soumis au visa des
« avant-postes allemands. Ces permis et visas seront
« accordés de droit aux candidats à la députation en
« province et aux députés de l'Assemblée......

« Art. 11. La ville de Paris payera une contribu-
« tion municipale de guerre de la somme de 200 mil-
« lions de francs. Ce payement devra être effectué
« avant le quinzième jour de l'armistice.......

« Art. 15[2]. Un service postal pour des lettres non
« cachetées sera organisé entre Paris et les départements
« par l'intermédiaire du quartier-général de Versailles.

« En foi de quoi les soussignés ont revêtu de leurs
signatures et de leur sceau les présentes conventions.

« Fait à Versailles, le 28 janvier 1871.

« Signé : Jules Favre, Bismarck.

Le 26 février, la prolongation de l'armistice fut si-
« gnée, à une condition : « La partie de la ville de
« Paris, à l'intérieur de l'enceinte comprise entre la

---

[1] Les articles 8 et 9 sont relatifs au ravitaillement.
[2] L'art. 12 est relatif aux valeurs publiques, l'art. 13 à l'importation des armes et munitions, l'art. 14 à l'échange des prisonniers.

« .Seine, la rue du Faubourg-Saint-Honoré et l'avenue
« des Ternes, sera occupée par les troupes allemandes,
« dont le nombre ne dépassera pas trente mille
« hommes ».

Le lendemain, le gouvernement avertit les Parisiens de l'entrée de l'armée allemande et leur recommanda de rester calmes, malgré l'humiliation que leur imposaient les circonstances. Les directeurs de journaux suspendirent la publication des feuilles qu'ils dirigeaient, pendant l'occupation ennemie ; les édifices et la plupart des maisons furent fermés « *pour cause de deuil national* » ; des drapeaux noirs flottèrent aux fenêtres ; l'arc de triomphe fut barricadé. Le 1er mars, à 8 h. 35, les éclaireurs Prussiens se montrèrent, et le gros de l'armée arriva sur les trois heures. Quelques cavaliers ennemis ayant pénétré en armes sur la place du Carrousel, un frémissement de colère souleva le cœur des assistants, et peu s'en fallut que la lutte n'éclatât.

Le même jour, l'Assemblée nationale accepta les préliminaires de paix (1er mars) et les Prussiens durent évacuer Paris, qu'ils avaient occupé quarante-huit heures.

APPENDICE

Le siège de Rouen[1].

(1418-1419).

Pendant que les Armagnacs étaient massacrés dans Paris par les Bourguignons, le roi d'Angleterre, qui tenait la Seine par Harfleur et par le Pont-de-l'Arche, divisait son armée en huit ou neuf corps et embrassait ainsi l'enceinte tout entière de Rouen, dont il voulait se rendre maître. Dans ce but, il avait fait battre la campagne pour empêcher les approvisionnements d'arriver à Rouen, espérant bien que 60 000 hommes manquant de vivres ne lui opposeraient pas une longue résistance : il comptait sans l'énergie des chefs rouennais, sans le courage d'Allain Blanchart, chef des arbalétriers.

Les Anglais avaient à leur tête Henri V, Glocester, Clarence, le connétable Cornwall, l'amiral Dorset et Warwick. Ils commencèrent par creuser des fossés qu'ils remplirent de ronces ; puis ils barrèrent la Seine avec des chaînes, afin que Rouen ne reçût aucun se-

---

[1] Au moment de mettre sous presse, nous nous sommes aperçus que le siège de Rouen, célèbre par le dévouement d'Allain Blanchart, avait été omis : nous réparons cet oubli.

cours par le fleuve. Les différents corps communiquaient entre eux par des tranchées.

Henri V avait en outre fait venir sur le continent 8000 Irlandais, « dont la plus grand'partie allaient de pied, un de leurs pieds chaussé et l'autre nu, sans avoir braies, et pauvrement habillés, ayant chacun une targette et petits javelots, avec gros couteaux d'étrange façon. Et ceux qui allaient sur chevaux n'avaient nulles selles et chevauchaient très habilement sur bons petits chevaux de montagnes[1].... » Pendant tout le temps que dura le siège, ces Irlandais parcoururent la Normandie, commettant toutes sortes d'excès, pillant, volant, prenant les enfants au berceau et les emportant avec eux, montés sur des vaches, pour qu'on les rachetât ; c'était un moyen de se procurer de l'argent et de ruiner les paysans. Puis, Henri V avait fait dresser des potences autour de la ville, et il y pendait des prisonniers pour effrayer ses adversaires.

Il y avait à Rouen environ 1500 hommes de milice et 4000 cavaliers, et la population totale s'élevait à 60 000 âmes. Prêtres et bourgeois passaient dans les rues, félicitant les uns, exhortant les autres, répondant aux bombardes du roi d'Angleterre par des nuées de traits et d'engins volants. On ne se borna pas à se défendre, on attaqua, on sortit. Laghen, bâtard d'Arly, qui gardait la porte de Caux, ayant été requis par le chevalier anglais Jehan Le Blanq « de rompre trois lances contre lui », vainquit son adversaire, dont le corps fut traîné ensuite dans les différents quartiers de la ville.

Cependant les assiégés, surpris de n'être pas secourus

---

[1] *Chronique* de Monstrelet, I, 203.

et déjà en proie à la famine, envoyèrent un de leurs prêtres à Paris avec mission de demander des secours. Le carme Eustache de Pavilly amena le messager devant le roi et exposa d'abord l'objet de sa démarche ; puis, prenant la parole : « Très excellent prince et seigneur, dit le prêtre, il m'est enjoint, de par les habitants de la ville de Rouen, à crier contre vous, et aussi contre vous, sire de Bourgogne, qui avez le gouvernement du roi et de son royaume, *le grand haro*, lequel signifie l'oppression qu'ils ont des Anglais. Ils vous mandent et font savoir par moi que, si par faute de votre secours il convient qu'ils soient sujets au roi d'Angleterre, vous n'aurez en tout le monde pires ennemis qu'eux, et, s'ils peuvent, ils détruiront vous et votre génération. »

L'envoyé rouennais fut bien accueilli ; il reçut *grande réception* et de belles promesses, et repartit content. Mais, au lieu d'envoyer des secours, le roi de France et le duc de Bourgogne envoyèrent au roi d'Angleterre des ambassadeurs qui conférèrent pendant quinze jours avec le comte de Warwick. Ils avaient apporté avec eux « la figure de Catherine, fille du roi, laquelle fut présentée au roi d'Angleterre et lui plut moult bien. » Mais Catherine seule ne suffisait sans doute pas au bonheur d'Henri V, car ce souverain demanda en outre cent mille écus d'or, les duchés de Normandie et d'Aquitaine, le comté de Ponthieu. De plus Warwick répondit aux Français qu'il était impossible de négocier, attendu que Charles VI était en démence, que le dauphin n'était pas encore roi, et que le duc de Bourgogne n'avait point qualité pour disposer des héritages du roi de France.

En apprenant la rupture des négociations, les Rouennais résolurent d'aller eux-mêmes chercher des secours, et ils préparèrent une grande sortie; mais le pont sur lequel ils devaient passer avait été scié en dessous et plusieurs d'entre eux tombèrent dans les fossés. On renonça à sortir désormais, et on accusa de trahison le sire Guy de Boutillier, qui, après la reddition de la ville, répudia sa nationalité et accepta des fiefs du roi d'Angleterre. Pendant ce temps, le roi de France et le duc de Bourgogne avaient mandé à Beauvais des gens d'armes et des arbalétriers, et ils avaient pu constituer une petite armée. Pourquoi donc n'accouraient-ils pas?

Au milieu de décembre, quatre gentilshommes et quatre bourgeois de Rouen arrivèrent encore pour faire connaître l'état déplorable de la ville. Dès le mois d'octobre, les chats, les chiens, les chevaux, étaient mangés. Douze mille individus, vieillards, femmes et enfants, avaient été chassés de la ville; les Anglais leur avaient refusé le passage, et ils étaient encore dans les fossés, vivant d'herbes; il fallait « que les bonnes gens pitoyables tirassent les petits enfants nouveau-nés des femmes qui étaient en leurs fossés, en paniers et autres choses, pour les faire baptiser, et après les rendaient aux mères, et moult en mourait sans être chrétiennés, lesquelles choses étaient moult grièves et piteuses à ouïr raconter. » Le jour de Noël pourtant, les Anglais envoyèrent du pain à ces misérables; ils en offrirent aussi aux assiégés, mais on repoussa leur offre avec indignation.

Pour se débarrasser des envoyés Rouennais, le duc de Bourgogne leur promit que le quatrième jour après Noël la ville serait secourue; puis, ne se trouvant pas assez fort, il congédia les gens d'armes et mena la cour à Provins. Il fit secrètement dire aux assiégés de ne plus compter sur lui.

Déjà, 50 000 hommes étaient morts de faim. Les notables, réunis à la maison commune, envoyèrent un héraut à Henri V pour obtenir un sauf-conduit, et six ambassadeurs, *sages, prudents* et *bien emparlés,* se rendirent au logis du primat d'Angleterre, archevêque de Cantorbéry. Voici les clauses de la capitulation :

1° Rouen paiera au roi d'Angleterre 365 000 écus d'or ;

2° La ville jouira de tous les privilèges qu'elle avait au temps de saint Louis, *avant l'usurpation de Philippe de Valois;*

3° Tout le monde aura la vie sauve, à l'exception de trois habitants.

Les deux premiers de ces trois habitants, désignés par le roi, le bourgeois Jehan Jourdain et le vicaire Robert de Linet, rachetèrent leur vie à prix d'argent.

Le troisième, Allain Blanchart, chef des arbalétriers, qui avait excité les Rouennais à la résistance, ne voulut pas se racheter et il fut exécuté.

« Si j'avais de la fortune, s'écria-t-il en marchant au supplice, je ne voudrais point la sacrifier pour empêcher qu'un Anglais se déshonorât! »

Allain Blanchart a été, lui aussi, victime des attaques de ces écrivains qui semblent prendre à tâche de rabaisser à plaisir nos gloires nationales les plus pures. Mais la ville de Rouen a donné le nom de l'une de ses rues à Allain Blanchart, ce type admirable de l'héroïsme et du dévouement, et elle se propose de lui élever une statue.

NOTIONS DE FORTIFICATION

I

La FORTIFICATION est l'art d'organiser la défense des positions attaquées par l'ennemi. Ce but s'obtient au moyen des *abris* et des *obstacles* : les *abris* servant à protéger les défenseurs de la position attaquée, les *obstacles* à embarrasser et à arrêter les travaux des assaillants.

La *fortification naturelle* est l'ensemble des obstacles qui sont formés naturellement par le terrain, par le sol lui-même (bois, marécages, ravins, cours d'eau, etc.), ou qui existent déjà dans la position que la force militaire vient occuper (maisons, haies, murs, etc.).

La *fortification artificielle* comprend tous les obstacles qui ne font pas naturellement partie d'une position et qui sont élevés par les soldats du génie. Elle se divise en fortification *passagère* et en fortification *permanente*. La première est celle que l'on emploie pendant les guerres, soit pour défendre certaines positions menacées, soit pour protéger les troupes sur le champ de bataille : ce genre d'ouvrages porte le nom de *retranchement*. Un retranchement est formé d'une élévation de terre, appelée *parapet* ou *épaulement*, et d'un *fossé* creusé en avant du parapet[1].

« Le *parapet*, dit M. Husson, varie de dimensions : 1° en hauteur suivant la nature de l'arme à abriter; 2° et en épaisseur suivant la nature du terrain et le genre de projectiles qu'il est appelé à recevoir, en tenant compte de leur longueur de pénétration, qui est doublée lorsque les projectiles s'enfoncent dans les terres fraîchement remuées.

« Le *fossé* varie de dimensions suivant celles que l'on veut donner au parapet, attendu que ce sont les terres de cette excavation qui doivent seules fournir celles qui sont nécessaires à la masse couvrante (parapet). Son volume doit donc être équivalent à celui du remblai[2]. »

La fortification *permanente* a pour objet la défense des places, des villes, des ports de mer, etc. Loin d'être rapidement exécutée, comme la fortification passagère, elle est faite avec beaucoup plus de soin et offre des obstacles infinimemt plus solides. Elle comprend les *camps retranchés*, les *forts* ou *forteresses* et les fortins (petits forts), les citadelles[3].

II

Les *places-fortes* se divisent en trois classes, suivant le nombre de fronts qu'elles possèdent. La ligne conti-

---

[1] Cette excavation porte le nom de *tranchée*, lorsqu'elle est creusée en arrière du parapet.
[2] Fr. Husson, *Manuel de fortifications* (in-12; 1878).
[3] Nous n'avons pas à nous occuper ici du tracé des fortifications; il

nue de fronts qui entoure une position porte le nom de *corps de place*. Les places de *premier ordre* ne peuvent avoir moins de douze fronts, celles de *deuxième ordre* ont de huit à onze fronts, celles de *troisième ordre* ont de quatre à sept fronts.

La loi du 10 juillet 1791, réglementée par deux décrets impériaux (1811, 1863), range les places fortes sous trois régimes suivant qu'elles sont en état de paix, en état de guerre ou en état de siège. Dans une place en état de *siège*, tous les droits dont jouissent les officiers civils passent entre les mains du commandant supérieur qui en devient responsable.

Autour des places fortes, il existe trois zones. On ne peut faire dans la troisième ni chemins, ni chaussées, ni excavations, ni levées de terre. Dans la seconde zone, toutes les constructions en maçonnerie sont généralement défendues; il faut en excepter quelques places où elles sont permises, mais l'autorité militaire se réserve le droit de les faire démolir en cas de besoin. Enfin dans la première zone on ne tolère que les haies sèches et les planches à claire-voie.

III

Siège offensif. — Lorsqu'un général veut assiéger une place de guerre, il envoie d'abord autour de cette place un corps de troupes légères chargé d'interrompre les communications des assiégés avec l'extérieur; jus-

---

nous suffira de dire que les systèmes les plus remarquables en cette matière sont ceux des ingénieurs Errard et Marolois, du chevalier de Ville, du comte de Pagan, de Cohorn, de Vauban et de Cormontaigne.

qu'à l'arrivée de l'armée de siège, qui doit être 10 ou 12 fois plus forte que la garnison. Lorsque le matériel est établi, on ouvre la première parallèle le plus près possible de la place. Des cheminements en *zigzags* conduisent à une deuxième parallèle, exécutée à 600 mètres environ des saillants des chemins couverts et qu'on arme de batteries comme la première. On arrive enfin à la troisième parallèle d'où l'on s'élance au bord du fossé. — On trouvera, au *siége de Dantzig* (note 1), la marche générale du siège offensif.

Siège défensif. — Quand une place est assiégée, on nomme aussitôt un commandant supérieur, assisté d'un conseil de défense et chargé de prendre des mesures pour arrêter ou contrarier les travaux d'attaque. Le commandant de place et les commandants du génie et de l'artillerie doivent de leur côté ne rien négliger de ce que l'expérience des sièges a indiqué comme utile. Lorsque l'ennemi se présente, on dirige sur lui le feu des batteries, de façon qu'il s'établisse loin de la place. Dès qu'on le voit ouvrir la première parallèle, on procède de la même manière. Enfin, lorsque les tranchées se rapprochent du fossé, on augmente la garde des ouvrages attaqués. Toutes les fois que le commandant supérieur le juge convenable, il fait exécuter des sorties. — Si, après avoir épuisé tous les moyens de défense, il se voit obligé de capituler, il demande l'avis du Conseil, sans être toutefois obligé de s'y soumettre. Dans la capitulation, il ne doit jamais se séparer de ses troupes ni demander de privilèges pour ses officiers ou pour lui. — On donne le nom de *Journal de siège* à la relation de tout ce qui s'est passé pendant le siège. Ce journal est divisé en deux colonnes : l'une pour l'attaque, l'autre pour la défense.

VOCABULAIRE

DES PRINCIPAUX TERMES TECHNIQUES

EMPLOYÉS DANS L'OUVRAGE

Agger. — Vaste levée de terre surmontée de palissades.

Arbalète à tour. — Arbalète dont l'arc, fait de bois, de corne ou d'acier, mesurait environ 10 mètres, et qui, selon les calculs du colonel Dufour, pouvait lancer à 800 mètres des traits pesant un demi-kilogramme.

Baliste (*balista*, λιθοβόλον). — Machine servant à lancer des pierres pesantes.

Barbacane. — Mur formant un saillant demi-circulaire et percé de créneaux ou de meurtrières.

Bastides. — Petites fortifications temporaires, dont on entourait une place soit pour l'assiéger, soit pour la défendre.

Bastion. — Partie saillante angulaire et à deux faces d'une enceinte militaire.

Bélier (*aries*, κριός). — Grosse poutre se terminant par une masse de fer en forme de tête de bélier.

Boyaux. — Tranchées étroites et tortueuses qui servent à lier les attaques du front de la place, en d'autres termes, à établir une communication entre les *parallèles* (*V.* ce mot).

Castella. — Redoutes palissadées.

Catapulte (*catapulta*, καταπέλτης). — Machine servant à lancer des dards et des traits pesants.

Cervi grandes. — Branches émondées semblables aux bois de cerf que les Romains plantaient entre l'agger et les créneaux.

Chandeliers. — Assemblage de pièces de bois (*V.* le siège de La Rochelle).

Chemin couvert. — « Chemin à ciel ouvert, régnant sur le bord extérieur des fossés d'une place forte, entre le bord du glacis et le bord de la contrescarpe. Il a généralement 10 à 12 m. de largeur, communique au fond du fossé au moyen de rampes ou d'escaliers, et est garni d'une banquette et d'un parapet pour recevoir des soldats qui doivent faire la fusillade, et se mettre à couvert du feu des assiégeants ».

Cippi. — « Fossés qui figuraient cinq rangs de zigzags joints entre eux par les angles, ce qui devait représenter des losanges ».

Circonvallation (Ligne de). — Ouvrages temporaires de fortification, enveloppant la place assiégée et servant à l'armée de siège pour se défendre contre les armées de secours.

Contre-mine. — Galerie souterraine faite à contre-sens d'une mine ouverte par les assiégants pour la paralyser.

Contrescarpe. — Bord extérieur d'un fossé.

Corbeau à griffe. — Machine avec laquelle on soulevait les objets et qui s'appelait aussi *main de fer*. Elle se composait d'une longue perche armée d'une espèce de tenaille.

Coulevrine. — Bouche à feu, à tir direct, de forme allongée.

Culée. — « Massif de maçonnerie qui soutient dans leur poussée les voûtes des dernières arches d'un pont. »

Dehors. — Fortifications extérieures et avancées.

Embrasure. — Ouverture faite dans le massif d'une batterie à épaulement pour donner passage à une bouche à feu.

Épaulement. — Élévation destinée à couvrir en flanc (*épauler*) les soldats exposés au feu de l'ennemi. On *épaule* aussi les batteries ou les lignes fortifiées.

Escarpe. — Muraille de terre ou de maçonnerie qui règne au-dessus du fossé du côté de la place.

Estacade. — Pièces de bois garnies de fer et de chaînes qu'on met à l'entrée d'un port pour le fermer.

Fascines. — Fagots qui servent à combler les fossés ou à épauler les batteries.

Front. — On appelle *front* d'une place ce qui est compris entre deux bastions voisins.

Fusées à obus. — Fusées communiquant le feu à la poudre que renferment ces projectiles.

Gargousse. — Charge de poudre dans son enveloppe.

Lilia. — V. Scrobes.

Loups. — Pinces de fer armées de dents.

Lunette. — Petite demi-lune.

Mâchecoulis. — « Nom donné à de certaines galeries saillantes, dans les vieux châteaux et aux anciennes portes des villes, avec ouvertures, d'où l'on apercevait le pied des ouvrages, et d'où l'on jetait des pierres ou autres projectiles pour empêcher qu'on en approchât. »

Mine. — « Dans l'antiquité et le moyen âge, cavité que, dans les sièges, l'on pratiquait sous des murailles, sous une tour, etc.; on étançonnait, puis le mineur, mettant le feu aux étançons, se retirait; les étançons manquaient et la muraille s'écroulait. — Aujourd'hui, cavité souterraine que l'on pratique et où l'on place de la poudre pour y mettre le feu et faire sauter tout ce qui se trouve au-dessus; on se sert aussi de la mine pour percer des roches qui ne cèdent pas à la pioche. »

Onagre (*onager*). — Machine à lancer des traits et des pierres d'un grand poids.

Palissade. — « Rangée de pièces de bois destinées à fermer la gorge d'un ouvrage, à arrêter l'ennemi au fond du fossé; elles sont, en général, formées par des bûches triangulaires, plantées verticalement, espacées d'une dizaine de centimètres et réunies par un liteau horizontal. »

Palme. — Mesure égale à 9 pouces environ.

Parallèle. — Tranchée parallèle au côté de la place qu'on assiège.

Redoute. — Ouvrage de fortification complètement fermé. Il se distingue du *fort* en ce qu'il ne présente pas d'angles rentrants.

Sacs à terre. — Sacs remplis de 30 à 35 kil. de terre que l'on emploie pour la construction des batteries ou pour servir de masque et de revêtement.

Scorpion (σκορπίος). — Machine que l'on employait pour lancer des pierres, des balles de plomb et des flèches.

Scrobes ou *lilia.* — Pieux ronds durcis au feu que l'on plantait dans des rangées de trous ayant la forme de cônes renversés.

Stimuli. — V. *Taleæ.*

Taleæ. — Piquets d'un pied de long, dans lesquels sont fichés des hameçons de fer et que l'on plante au devant des *scrobes* (V. ce mot). Lorsque ces piquets ne sont pas munis de leurs hameçons, on les appelle *taleæ;* dans le cas contraire, ils prennent le nom de *stimuli.*

Tolleno. — « On donnait le nom de *tolleno* à une forte poutre fichée profondément en terre, et sur laquelle en était une autre, posée de manière à faire bascule. Des soldats se plaçaient à l'une des extrémités de cette dernière sur des planches disposées à cet effet. On faisait descendre l'autre extrémité, et ils étaient lancés sur les remparts des assiégés. »

Tortue. — Machine de guerre couverte et montée sur des roues, à l'abri de laquelle on s'avançait jusqu'au pied des murailles d'une ville assiégée.

Trébuchet. — Machine composée d'une longue poutre appelée *verge* ou *flèche*, tournant autour d'un axe horizontal porté par des montants. A l'une des extrémités de la verge on fixait un contrepoids; à l'autre, une fronde contenant le projectile à lancer (pierres, tonneaux remplis de feu grégeois, fer rouge, etc.).

Vallum. — Palissade.

Vineæ. — Toit protecteur, formé de bois léger; recouvert d'une double couche de planches et de claies, et garanti sur les côtés contre les projectiles par des treillages d'osier, contre le feu par des peaux mouillées. On appelle aussi cet ouvrage *galerie couverte*.

Zigzag. — Tranchée étroite formant une suite d'angles aigus, et disposée de façon qu'aucune de ses parties ne peut être enfilée de la place.

TABLE DES GRAVURES

1. Épisode du siège de Troie, d'après la table iliaque : le cheval de bois... 11
2. Siège de Babylone, d'après les travaux de Flandin et le voyage de M. Vivien de Saint-Martin................................. 19
3. Le bouclier votif que nous reproduisons semble dater du premier siècle de notre ère. Il représente la légende de l'or du Capitole pesé par les Gaulois.. 50
4. Porte antique de Capoue, d'après une vieille estampe de la Bibliothèque nationale... 41
5. Camp romain, d'après la colonne Trajane........................ 57
6. Bélier, d'après la colonne Trajane................................... 58
7. Siège d'Avaricum, d'après le tableau de Brion et des documents du musée de Saint-Germain.. 63
8. Ce dessin a été composé à l'aide des données fournies par M. Desjardins, dans sa *Géographie de la Gaule romaine*, t. II. (V. p. 67 de ce volume)... 67
9. Ouvrages romains devant une ville assiégée (musée de Saint-Germain).. 69
10. Incendie d'une ville assiégée par les Romains (restitution d'après des documents du musée de Saint-Germain)..................... 70
11. Ce dessin a été fait d'après M. Viollet-le-Duc. — L'homme d'armes qui se trouve en haut du rampart ne peut apercevoir le pionnier qui sape le pied de la muraille qu'en se penchant en dehors des créneaux et en se démasquant.
    (V. Viollet-le-Duc, essai sur *l'architecture militaire* au moyen âge, p. 55)... 97
12. Même source. — La tour à pont mobile, garnie de peaux fraîches, s'avance sur un plancher de madriers au fur et à mesure que les assaillants, protégés par des palissades, comblent le fossé; il est

mû par des câbles et des poulies. Le pont abattu, les soldats se précipitent sur le chemin de ronde de la courtine.
(V. Viollet-le-Duc, op. cit., p. 56 et p. 99) 98
13. Épisode du siège de Jérusalem, d'après d'anciennes estampes. 99
14. Siège de Béziers. — Aspect de la ville d'après la Topographie de la France (Bibl. Nat.). Engins de guerre, d'après M. Viollet-le-Duc et Napoléon Bonaparte (*Études sur l'artillerie*) 111
15. Machine de jet en exercice, d'après une gravure du quinzième siècle 113
16. Sceau d'Edouard III (Archives nationales, n° 10,022). Grandeur du sceau original : 0ᵐ,110. 115
17. Siège de Calais, d'après les chroniques de Froissart et les travaux de MM. Moltzeim et Viollet-le-Duc 117
18. Au quinzième siècle, les places étaient défendues par une ou plusieurs enceintes flanquées de tours. Le haut des murailles était muni de mâchicoulis, et les tours, espacées de 50 à 60 mètres, étaient assez élevées pour dominer les ouvrages des assiégeants.
Notre gravure est faite d'après les *Études sur l'artillerie*, de Napoléon Bonaparte. 121
19. Arbalète à tour (musée d'artillerie). 123
20. Canon à boîte (id.) 124
21. Canon d'une seule pièce (id.). 124
22. Les remparts d'Orléans assiégés, d'après une gravure du seizième siècle, signée Perrissin 128
23. Ce dessin a été fait d'après une estampe de la Bibliothèque nationale. — On trouvera à la page 144 une description détaillée de l'étendard pris par Jeanne *Hachette* aux Bourguignons . . . 144
24. Rhodes à vol d'oiseau, d'après le manuscrit de Caoursin (quinzième siècle). 152
25. Siège de Metz, d'après Moltzeim (*Hist. de l'artillerie*) et Jean Burgmair (*Vie de Maximilien*, Vienne, 1775) 159
26, 28, et 29. Le dessin de ces médailles commémoratives a été exécuté d'après des gravures du temps, 162-182-199 162
27. Siège de La Rochelle. — Vue de la digue, d'après Callot . . . 175
30. Cette gravure est destinée à illustrer les quatre vers cités p. 217 et extraits de la *Bénédiction*, par M. François Coppée 215
31. Plan du siège de Sébastopol (réduction du plan donné par M. Rousset dans son atlas de la *Guerre de Crimée*). 233
32. Épisode du siège de Sébastopol. L'attaque du mamelon Vert, d'après le tableau de M. Yvon. 237

TABLE DES MATIÈRES

I.	Le Siège de Troie (1280-1270 ?).	1
II.	Le Siège de Babylone par Kurus (540 av. J.-C.)	15
III.	Le Siège de Sélinonte (410 av. J.-C.).	22
IV.	Le Siège de Véies (405-395 av. J.-C.).	24
V.	Prise de Rome par les Gaulois et Siège du Capitole (390 av. J.-C.).	27
VI.	Le Siège de Tyr par Alexandre (332 av. J.-C.).	32
VII.	Le Siège de Rhodes par Demétrius Poliorcète (305-304 av. J.-C.).	36
VIII.	Les Sièges de la seconde guerre Punique (219-202 av. J.-C.).	39
	Sièges de Sagonte (219), de Syracuse (215-212), de Capoue (211).	
IX.	Le Siège de Carthage (149-146 av. J.-C.).	49
X.	Le Siège de Numance (133 av. J.-C.).	52
XI.	Conquête de la Gaule par César. — Sièges d'Avaricum et d'Alésia (52 av. J.-C.)	55
XII.	Le Siège de Jérusalem par Titus (70).	72
XIII.	Le Siège de Rome par Alaric (410)	76
XIV.	Le Siège de Paris par les Normands (885).	80
XV.	Les Croisades. — Les Sièges de Nicée (1097), d'Antioche (1097-98), de Jérusalem (1099), de Ptolémais (1191.).	86
XVI.	Sièges de Béziers (1209) et de Toulouse (1211 et 1219).	108
XVII.	Le Siège de Calais (1346-1347)	115

XVIII.	Le Siège de Melun (1420)	122
XIX.	Le Siège d'Orléans (1428-1429).	127
XX.	Le Siège de Constantinople (1453).	136
XXI.	Le Siège de Beauvais (1472).	143
XXII.	Le Siège de Grenade (1491)	147
XXIII.	Le Siège de Rhodes par Suleïman le Grand (1522). .	151
XXIV.	Le Siège de Rome par Charles de Bourbon (1527) . .	155
XXV.	Le Siège de Metz par Charles-Quint (1552-1553) . . .	158
XXVI.	Les Sièges de Paris par Henri IV (1589 et 1590)	164
XXVII.	Le Siège de la Rochelle (1627-1628).	170
XXVIII.	Le Siège de Magdebourg par Tilly (1631)	184
XXIX.	Le Siège de Lérida par Condé (1647).	186
XXX.	Le Siège de Vienne par Kara-Mustapha (1683). . . .	189
XXXI.	Le Siège de Mayence (1793).	194
XXXII.	Le Siège de Toulon (1793).	198
XXXIII.	Le Siège de Saint-Jean-d'Acre (1799).	201
XXXIV.	Le Siège de Dantzig (1807).	204
XXXV.	Les Sièges de Saragosse (1808 et 1809).	209
XXXVI.	Le Siège de Missolonghi (1825-1826)	219
XXXVII.	Les Sièges de Constantine (1836 et 1837).	223
XXXVIII.	Le Siège de Sébastopol (1854-1855).	229
XXXIX.	Le Siège de Strasbourg (1870).	240
XL.	Le Siège de Metz (1870).	251
XLII.	Le Siège de Paris par les Allemands (1871).	259
Appendice		281
Notions de fortification.		286
Vocabulaire des principaux termes techniques employés dans l'ouvrage		291
Table des gravures		295
Table des matières		297

4003. — IMPRIMERIE A. LAHURE,
rue de Fleurus, 9, à Paris

www.ingramcontent.com/pod-product-compliance
Lightning Source LLC
Chambersburg PA
CBHW071134160426
43196CB00011B/1890